HONGFENGHU
BAIJIAJIANGTAN

红枫湖·百家讲坛

【第三辑】

胥正群　郭　静　袁锦锋◎主编

中国出版集团　现代出版社

图书在版编目(CIP)数据

　　红枫湖·百家讲坛. 第三辑／胥正群，郭静，袁锦锋主编. －－北京：现代出版社，2022.4
　　ISBN 978－7－5143－9878－6

　　Ⅰ．①红… Ⅱ．①胥… ②郭… ③袁… Ⅲ．①社会科学－文集 Ⅳ．①C53

　　中国版本图书馆 CIP 数据核字(2022)第 055757 号

红枫湖·百家讲坛. 第三辑

主　　　编	胥正群　郭静　袁锦锋	
责任编辑	杨学庆	
出版发行	现代出版社	
通讯地址	北京安定门外安华里 504 号	
邮政编码	100011	
电　　话	010—64267325　010—64245264(兼传真)	
网　　址	www. 1980xd. com	
印　　刷	北京荣泰印刷有限公司	
开　　本	710 毫米×1000 毫米　1/16	
印　　张	19	
字　　数	220 千字	
版　　次	2022 年 5 月第 1 版　2022 年 5 月第 1 次印刷	
书　　号	ISBN 978－7－5143－9878－6	
定　　价	76.00 元	

编纂人员

主　编：胥正群　郭　静　袁锦锋
副主编：邹垂艳　郑小波　陈宝生
编　审：涂万作

编辑委员会

主　任：张　曦（贵阳幼儿师范高等专科学校党委书记）
　　　　翟理红（贵阳幼儿师范高等专科学校校长）
副主任：李炳昌（贵阳幼儿师范高等专科学校党委副书记）
　　　　赵雅卫（贵阳幼儿师范高等专科学校党委委员、副校长）
　　　　潘丽芬（贵阳幼儿师范高等专科学校党委委员、副校长）
　　　　陈尧年（贵阳幼儿师范高等专科学校党委委员、纪委书记）
　　　　张世琴（贵阳幼儿师范高等专科学校党委委员、副校长）
　　　　任　重（贵阳幼儿师范高等专科学校党委委员、组织
　　　　　　　　人事部部长）

委　员：（按姓氏笔画排序）

王光辉　王　钢　韦佳林　车　荧　文　佳　付　艳
李少文　刘　黎　刘本英　刘世勇　刘贵帆　孙立枫
杨　丽　杨　芰　何　凡　但鸿江　邱　翠　肖　健
张远梅　张剑辉　罗　娟　赵　俊　骆洪军　郭向荣
郭蜀辉　郭　静　黄赞勇　彭桂馥　谢俊毓　戴媛媛

序

  贵阳幼儿师范高等专科学校一直以来坚持"以人为本,以德树人、德育为先"的办学理念,秉承"校有特色、生有特长、师有发展"的办学思路,不仅重视课堂教育,也致力于学生综合素质的提高。高校具有人才培养、科学研究、社会服务和文化传承四大职能任务,而学术讲座则是实现这四项任务的重要途径之一。讲座是大学生活中浓墨重彩的一道风景,丰富多彩的讲座对于繁荣校园文化、活跃学术气氛、鼓励理论研究和学术创新等,都具有良好的促进作用。我校秉持促进学生综合素质发展的态度,创办了"红枫湖·百家讲坛"学术讲座活动。

  "红枫湖·百家讲坛"面向清镇职教城时光校区四所职校联合体师生,每月定期邀请各行业的专家、学者及作家开展讲座,主题从弘扬民族优秀文化、吸收世界先进文化和发展社会主义文化等视角展开,形成学校的"雅文化"。既能彰显我校培养学生"品优行雅,一专多能"的目标,又能将中国传统的儒雅文化吸纳到个人精神中。

  讲坛上闪烁的智慧之光如夜海中的灯塔,他们不应仅仅局限于校园,而应该走出去,让校内外错过现场讲座的人们也能共享思辨的余温;给每个人一次聆听大师教诲的机会,去亲身体会涓涓细流是如何变成汹涌的波涛奔腾至海的壮阔景致。学生在与大师的交流讨论中得到课堂学习中无法得到的知识与启迪，产生了强烈的心灵震撼。因此，学校决定将每期"红枫湖·百家讲坛"的录音稿整理成书面文字，同时收集听者心得。这些心得除体会听者对知识的学习外，还充分展现出其由听讲到收获的质朴情感。把讲座的讲稿和听者的心得编辑成书，既是对讲座内容的记录与弘扬，也是我校校园文化建设的体现。讲座的主讲人绝大多数是贵州范围内的专家学者，正如我校图书馆成立的基于收藏本土作品而建设的"黔籍作家书屋"，力图能对地方文化的建设和保留贡献绵薄之力，形成具有地方性特色的馆藏资源一样，我们也力图通过这一讲坛，展现黔籍专家学者的风采。

现将"红枫湖·百家讲坛"的讲座内容收集整理并出版成书，各位读者可以通过这些专家学者的演讲记录和现场问答的情景再现，感悟和吸收书中浓缩的智慧精华和积淀的真知灼见。希望本书的出版能够有效地促进我校及周边高职高专院校的素质教育和校园文化建设，同时搭建起一座无形的桥梁，把学校围墙里的本土文化输出到社会公众的日常生活中，满足社会公众对知识的渴望和对精神文化的需求。

张曦

2015 年 12 月

作者为贵阳幼儿师范高等专科学校党委书记

2018 年 3 月 16 日，党委副书记、纪委书记唐天作《智明以棋》真人图书讲座。

2018 年 3 月 23 日，艾光明教授作《中华高端养生》讲座。

2018年6月1日，王晓昕教授作《知行合一的光辉典范——王阳明》讲座。

2018年9月21日，翟理红教授、校长作《与师范生共话师道师德》真人图书讲座。

2018 年 10 月 26 日，吴畏教授作《语言表达与人际沟通》讲座。

2018 年 11 月 30 日，罗宏梅教授作《清诗三百年·王气在夜郎》讲座。

2019 年 3 月 29 日，孙德高教授作《亦悲亦喜话清明》讲座。

2019 年 5 月 10 日，赵雅卫教授、副校长作《奋斗的青春》真人
图书讲座。

　　2019 年 5 月 24 日，顾久教授作《走进童年世界·领略别样精彩》讲座。

　　2019 年 9 月 27 日，余文武教授作《圣贤人家的育儿经》讲座。

2019年10月25日，卢云辉教授作《阅读·眼界·未来》讲座。

2019年11月1日，麻勇斌研究员作《苗族在抗日战争中的牺牲与贡献》讲座。

目　录

▽

第二十五期

中华高端养生

艾光明

主持人：尊敬的老师们、亲爱的同学们，大家中午好！欢迎来到"红枫湖·百家讲坛"第三季第一期。我是贵州省写作学会秘书长袁堇峰，今天我们很荣幸地邀请到了艾光明老师为大家讲课。艾老师是西安外国语大学教授、中国高端养生学会会长、西安交通大学 MBA、EMBA客座教授。艾老师不仅头衔很多，而且学识渊博，是一位讲课经验非常丰富的老师。下面，让我们大家以热烈的掌声有请艾老师。

艾光明：各位老师，各位同学大家好！

非常高兴在这里和大家共同分享养生心得。我多年来研究中国国学文化，其中一个重要板块，就是养生。我研究养生是从 1990 年开始的，到现在 20 多年了，有一些心得体会。一个是在理论方面进行探索，查阅中国古代的各种文献；再一个就是亲身实践。在社会各个层面特别是在民间，搜寻养生的资料、人物，向他们学习。我曾经拜了好几位师父向他们学习民间养生的好方法，所以 20 多年来在这个领域的实践和理论探索，一直没有停止过。今天我在这里把自己研究的一些成果和大家分享一下。

《中华高端养生》自成体系，共分五个板块：第一个是道德养生，第二个是武术养生，第三个是静坐养生，第四个是茶道养生，第五个是中医养生。在这五个板块中，我重点实践的是武术和静坐养生，在茶道、中医和道德养生方面，主要是与国学中的很多理论相结合。

第一，道德养生。

那为什么要首推道德养生呢？我研究中国古代的国学理论，有深刻的感受，中国国学理论不管是哪门哪派，在历经夏、商、周、秦、汉、隋、唐、宋、元、明、清，上下五千年来所有的学派中，特别是春秋战国诸子百家兴起，到汉、唐以后，更加懂得养生学说，在明、清两朝达到一个高峰。在明末清初有很多书籍专门谈论养生，其中首推、重推的是道德养生。国家教育部规定小学生要学习的教材有《三字经》《弟子规》《千字文》，还有《朱子治家格言》《太上感应篇》《了凡四训》，这是小学生必读的教材。初中、高中、大学内容更多了，国学将成为我国未来教育的重点内容。而刚才说的小学教材里，有一本薄薄的教材，叫《太上感应篇》。它很薄，是一篇文章，这篇文章的中心主题高度总结了中国古代关于各家各派道德的主要观点，合成几句话。

第一句话："祸福无门，唯人自招。"就是说人生的幸福、快乐、灾难、痛苦、不幸，各种事儿它没有门，是自己招来的。一念之差，你要是没有道德，那就会招来很多灾难，这些灾难通过社会性的像法律、人际关系，同时还有身体方面的，特别是心灵方面的，而体现出来。所以，我们每个孩子从小要走正路，做一个好人。

第二句话："善恶报应，如影随形。"在中国古代有广泛的这种文化的基础，中国古代认为一个人如果做坏事，那么谁也不会放过你，老天爷也不会放过你。但是老天爷是一个虚拟的概念，是中国古代人的一种精神上的寄托，它成为民间的一种语言，提醒人们不要做坏事。人在做，天在看，举头三尺有神明，你怎么敢胡作非为呢？在中国古代各种理论里面都有这种思想，而且在明清600年间广泛渗透到社会各个层面。

第三句话："天网恢恢，疏而不漏。"做坏事，迟早要受到各种各样的惩罚。这种惩罚包括法律的、身体的、家庭的，各种灾难接踵而来。中国古代人认为要避开各种灾难，就不要以身试法，不要胡作非为。

第四句话："天道循环，丝毫不爽。"天下的大道理，宇宙的大道理，社会的大道理，人生的大道理。从中国古代的孔孟儒家学说，到东汉时期的外来学说佛学。还有中国土生土长的，汉代出现的道教以及明清以来的各种学派，都强调天道。天道在中国古代就叫天道，现在就是宇宙的规律、自然的规律、社会的规律。中国古代这种思维就是顺天应命，不敢胡作非为。这是中国古代夏商周以来的基本思想，这种思想里面渗透的主题就是道德。中国古代的，包括少林派、武当派、峨眉派、天山派、崆峒派的各种武功训练，特别像中国太极拳，都强调道德。在传承过程中，千万不敢把那些不道德的人作为下一代的传承者。像武当派，湖北省武当山的张三丰在600年前的明朝创立了中国太极拳，他的底线就是非道德者，绝不可轻传。少林寺也有这种明确的观点，由此可见中国古代对道德的高度重视。世界各国舆论认为中华民族是一个最讲道德的民族，道德是中国传统文化的核心，做人的大道理是它的最重要的内容，孔孟之道的思想是中国国学文化的核心理论。我研究孔子的学说不仅是孔子早年、中年的《论语》，特别是孔子50岁以后研究中国古代的伟大经典——周文王写的《易经》，《易经》被誉为百经之首。宇宙的规律、社会规律，孔子在《易传》里面写的十篇论文是他晚年的作品，在《易传》中明确地表达了。

中华民族的民族精神人格，中国人的人格精神，在明清两代形成了所有知识分子的共识。共识就是大家公认，有三大精神，首先是中华民族的民族精神。孔子提出"自强不息，厚德载物"，这句话，大家都听过，自强不息就是自己要坚强、要强大，永不停息，像天一样，永远努力奋斗，拼搏向上。孔子的原话是："天行健，君子以自强不息。"然后孔子又说："地势坤，君子以厚德载物。"就像大地一样深厚的土壤，能包容万物、包容谦虚谨慎，所以中华民族的民族精神就是"自强不息，厚德载物"。孟子认为，君子生于天地之间，大丈夫立于天地之间，威武不能屈，贫贱不能移，富贵不能淫，所以人要效仿天地之精神，光明磊落，做一个正人君子，而不可成为无耻的小人，这是孔子、孟子的基本观点。这个观点里面隐藏着这种中华民族的精神，像天一样，自强不息，像大地一样，厚德载物。是明朝的学者，像顾炎武、王船山、黄宗羲、高攀龙、顾宪成、王阳明，明朝所谓在学问、道德两个方面达到高端的流芳百世的著名学者、群体学者的光辉形象，是中华民族的民族文化的佼佼者和代言人，他们的共同观点是：中华民族自强不息，厚德载物作为民族精神，而孔子的名言："仁义道德。"孟子的名言："礼义廉耻。"作为每个中国人的最基本的人格，格是标准，是做人的标准，就是仁义道德，礼义廉耻。人要懂得羞耻，人要行得端立得正，要有爱心，尊老爱幼，孝顺父母，知道做人的基本精神、基本道德规范。

孔子、孟子，特别是孔子在《易传》中提出了知识分子的群体精神：君子以天下为己任。北宋范仲淹在《岳阳楼记》的末尾提道，先天下之忧而忧，后天下之乐而乐。在明清两代，顾炎武、王船山、黄宗羲的共同观点是：天下兴亡，匹夫有责；在民国时代，中国共产党的先驱像李大钊、陈独秀等革命先辈都提出这一种以天下为己任，天下兴亡，匹夫有责的精神。所以，今天我们弘扬国学的精神，弘扬传统文化的精神，就要把上述的这三大精神，民族精神、人格精神、知识分子的精神进一步弘扬，所以中国古代所有的养生高度重视首推道德养生。

在中国古代，一个人不孝敬父母，不尊老爱幼，不尊重别人，不谦虚谨慎，耀武扬威，横行霸道，胡作非为，这种人没有好下场，谈何养生？我们看过金庸的一些作品，比如《天龙八部》《笑傲江湖》，这些作品中，一而再，再而三地表达一种什么思维呢？在修炼武功的时候，假如其人其心不善，其性不正，那么他的武功必定走上邪路，炼出来是邪门儿。《射雕英雄传》中的欧阳锋以及他的侄子欧阳克，他们的武功都走上了邪路。所以道德思维很重要，我们谈道德养生一定要把中国古代的各家各派的优秀道德继承并发扬光大。那么中国古代的道德最重要的有哪些呢？我做了一个简要的归纳，与大家共同分享一下。

中国古代3000年前写的《易经》，后来经过孔子加工的《易传》合起来叫《周易》。《周易》被誉为中华民族国学文化的主干，是最重要的经典。在这本经典中，提出了两个伟大的道德观念。

一、大道之行，天下为公。这个思想在西周就风行于中华大地，到了春秋战国，更是被诸子百家奉为至高无上的精神境界。我们看过张艺谋拍的一部电影——《英雄》，是张艺谋拍的所有影片中的最高水平的代表作。《英雄》中有一个情节，秦始皇统一六国前，有一个叫无名的人，他的家人在战争中被杀害了，无名决心报仇，十年磨一剑，百步击，百发百中。临行前，一位好朋友告诉他：而今天下大乱，战争烽起，生灵涂炭，四海不得安宁，唯有秦王嬴政雄才大略，可安天下，你以一己之私仇而忘记了天下。无名深感羞愧，岂能以一家子私仇而忘记天下，但是家仇不报，怎能两全其美？无名来到京城，在一个月黑风高的夜晚直奔大殿，秦始皇嬴政正在殿中，无名飞身而起，拔剑直刺秦王的后背。在剑即将刺到秦王的一瞬间，他突然掉转剑把，顶住秦王的腰。无名说："为了天下，我放过你。"秦王大惊，命令武士将无名斩杀。秦王号令，厚葬英雄。这就是《英雄》这部电影的主题，突出了两个字——"天下"。所以大道之行，宇宙的大道理，天的大道理，一旦落实在人间，要求大道之行，天下为公。

那么，为公是什么意思呢？就是不属于自己，而是为了国家、民族、天下的黎民百姓，这种精神成为中华民族最伟大的精神境界。在今天，中国共产党的宗旨是全心全意为人民服务。习近平主席讲的人民的幸福，就是我们中国共产党的奋斗目标，所以天下为公，一脉相承。真正伟大的道德，不是为了一己的私利、为了个人的幸福，而是为了民族的崛起、民族的腾飞。这就是伟大的胸怀，这是《周易》道德的第一点。孙中山先生亲自书写这八个字挂在他的办公室，每天当他来到办公室，望着高高挂起的"大道之行，天下为公"八个字，都会心潮澎湃。为民族，这种精神是孙中山先生一生的动力，这就是为什么孙中山是中国革命的先驱者。

二、自强不息，厚德载物。来自孔子的《易传》，它是中华民族的民族精神、天地精神。这两点合起来就是《周易》，为中华民族的百经之首，伟大经典的道德思想。所以我们每个大学生都需要继承民族伟大的道德境界。

我们再看孔孟之道，在春秋战国时代，孔子、孟子共同创建了儒家学说。很多学者特别是当代伟大的哲学家，像雅斯贝尔斯、海德格尔、萨特等公认此时为中华民族国学文化的轴心时代。何为轴心？关键是独创、原创。

春秋时代是中华民族的伟大的文化高潮，它不像欧洲两次文化高潮。

第一次 2500 年前的古希腊的伟大文化产生了《荷马史诗》《伊利亚特》《奥德赛》《特洛伊》，产生了群星灿烂的哲学家苏格拉底、柏拉图、亚里士多德，产生了伟大的戏剧作品，像埃斯库罗斯的《被缚的普罗米修斯》，那是一次伟大的文化高潮。在 16 世纪被恩格斯誉为一个产生了巨人的巨人时代的文艺复兴在欧洲崛起。16 世纪、17 世纪产生了莎士比亚、塞万提斯、达·芬奇、米开朗琪罗，还有拉斐尔这些伟大的作家、诗人、艺术家。

中国历史上伟大的文化高潮，就是被联合国教科文组织誉为轴心时代的春秋战国。虽然天下大乱，反而出现了儒家、道家、法家、农家、杂家、墨家、兵家、阴阳家、纵横家等。其中最重要的是儒家、法家、道家、墨家。而儒家呢，何为儒？乃儒雅之言。君子彬彬有礼，温文尔雅，谦谦君子，是为君子之风也，故儒者儒雅所为孔孟之道。理想中的人格，儒雅、谦虚、包容、低调、淡定，这是一种理想的君子之风。金庸的 14 部作品，精神主题最重要的思想，结合明清两代对三教合流以来孔孟之道的大弘扬，形象地展示了中华民族的君子之风，郭靖、令狐冲、段誉、陈家洛、袁承志都是翩翩君子、温文尔雅、身怀绝技、笑傲江湖、天下第一，但他们非常的谦虚。谦虚是一种美德，低调谦虚千万不可高调张扬，这种美德在孔孟之道达到了高峰，达到了集中，这叫儒家学说。其中最主要的核心思想有两点，做人的道德、规范。孔子曰："仁者爱人，仁义道德。"仁者就是具有爱心的人，他必然爱一切人，属于人间大爱。这与基督教的爱不一样，基督教的爱在《圣经》中是上帝之爱。而孔子的爱是人间之爱，人和人的爱，充满爱心，忠诚有爱心，这才是道德。

孟子的道德特点是礼义廉耻。让礼义者有礼貌、礼节、礼仪，义者忠诚廉耻。孟子曰："羞耻之心，人皆有之。"孟子高扬羞耻，一个人如果不懂得羞耻，何为人也，与禽兽为伍，非人，所以孟子的光辉思想对后世影响很大。我们看《红楼梦》《西厢记》《桃花扇》等明清的作品，《西厢记》中有一句名言："倾三江之水洗不尽我满面羞愧。"今天我们很多人不懂得羞耻，光天化日之下、大庭广众之中竟干羞耻之事，在街上、公交车上、超市、候车室，全不顾众目睽睽。我们是人，要有人性的光辉，有人性的品质。孟子又曰："恻隐之心，人皆有之。"何谓恻隐，即同情、不忍心。帮助别人，一人有难八方支援。汶川大地震，看电视时我们心在痛，汶川不哭，四川挺住！就是我们的内心生命，用我们的身心，用我们的力量去帮助受难者。恻隐何为？对别人忍让体谅，特别是女士优先，这都属于辞让。

孔孟之道，奠定了中国人人格精神的最基本的规范。弱水以柔克刚，最高的善就是最高的道德。就像水一样往低处流，水是谦卑的、恭敬的、随心所欲的、可以变化的，没有固定形状，放在杯子里就是杯子的形状，放在碗里就是碗的形状，非常的柔顺。所以最高的道德像水，老子的"上善若水"这个思想也和孔子的谦虚谨慎是相联系的。孔子的谦谦君子温文尔雅、彬彬有礼就体现在了上善若水。我们看《射雕英雄传》，当郭靖拥有天下第一功夫后，遇见了他的老师，著名的道长丘处机，也立刻拜倒在地："师父在上，受靖儿一拜。"丘处机非常的惭愧："别别别！郭大侠，快请起，你而今名满天下，功夫第一，我算什么。我丘处机功夫太差了，不配当你的老师。"但是郭靖长跪不起："一日为师，终身为父，师父在上，靖儿永远是师父的好弟子。"丘处机大为感动，热泪盈眶，这才是上善若水。但是另一个年轻人欧阳克，摇着大扇子耀武扬威。当然他不是丘处机的弟子，假如说他是丘处机的弟子，你们想象他会是什么模样呢？肯定是这样的："唉哟，你这个牛鼻子老道，什么风把你给吹过来了。我当年瞎了眼拜你为师，你什么玩意儿啊，我现在功夫天下第一，你知道不知道？我一个小拇指能把你放倒，你信不信？"丘处机定能被气死。所以尊师重道，谦虚谨慎方为弟子之礼。

三年前我去拜访一位老朋友，开门的是他 10 岁的儿子。他儿子认识我，我到他家去过很多次，他儿子居然不称呼我，只说"我爸没在"，就把门关上了，我吃了个闭门羹。朋友听我的劝，去年把孩子送到南山一个学校就读，现在懂礼貌了。我前不久到那个孩子所在的学校去，刚好放学，有 50 多个孩子全部穿着汉服齐齐走出来。最小的 5 岁，最大的 15 岁，多数在九岁到十一二岁之间。男孩儿左手在外，女孩儿右手在外，行秦朝时代礼节：老师好！那个孩子就是其中一个。这就是上善若水，做一个谦虚谨慎的人，以柔克刚。当我们遇到凶巴巴、耀武扬威的人，我们敢于抵抗，以刚对刚。但是对待生活中的矛盾，同学间的矛盾，我们要和颜悦色，不要动不动吹胡子瞪眼睛，又吵架又骂仗，这不是君子之道。

如果说老子的思想是包容，那么庄子的思想就是洁身自好，精神解放。

何为洁身自好？庄子认为社会再坏，时代再坏，风气再坏，人再坏，我不敢坏。你们贪污受贿我不敢，你们胡作非为我不敢。因为我要洁身自好，出淤泥而不染，我要做一个好人。所以我们教育孩子从小做一个好人，不能随波逐流，这叫洁身自好。

精神解放是什么意思呢？

当然是浪漫主义情怀，在任何时间，任何地点，任何情况下，任何困境中，我的精神，我的灵魂，就像大鹏展翅几万里，在浩瀚的宇宙中翱翔。多么伟大的胸怀，它开了中华民族浪漫主义的先河。李白的浪漫主义、苏东坡的浪漫主义以及毛泽东的浪漫主义，都与庄子一脉相承。毛泽东写了《沁园春·雪》之后，有人评论此词，浪漫之高远，虽李太白与庄子，亦不能望其项背。毛泽东的《沁园春·雪》真的是古今第一浪漫，这就是庄子的思维精神解放。我们看了上面这些著名的人物，最重要的流派的道德观点是从明清以来600年三教合流。文化大融合是明清600年最重要的文化发展特点，形成了人格之道，君子之道，君子之心。人格之道指外王内圣，文武双全，这是孔子的思想。孔子认为青年应该外王而内圣才能成为人才。外王内圣者以中国古代伟大的文化精神来武装自己，以《孔子》《孟子》《周易》《老子》《庄子》国学的伟大经典武装自己，从而有所作为。孔子当年不仅传播他的道德观点，而且善骑马、射箭。在明清两代，文武双全成为青年一代的普遍追求。"80后""90后"练武者罕见，缺乏尚武精神，这是今天的一个弱点。我们应该文武双全，尤其是小孩子。我在西安收了七八个10岁左右的孩子，十年磨一剑，十年跟我练太极拳，中国正宗张三丰遗传。十年以后，大成，一代宗师，横空出世，笑傲江湖，独步江湖，这是我的理想。在明清强调孔孟之道的光明磊落，君子圣贤走正路，做好人，对国家对民族承担责任义不容辞。那么君子之道就是谦谦君子，彬彬有礼，温文尔雅，这体现了一种圣贤气象。那么君子之心呢？有敬畏之心，敬畏天地，敬畏父母，孝顺父母，尊老爱幼，感恩天地万物，感恩圣贤教育，感恩父母养育，感恩老师培养，感恩同学帮助。羞耻之心更不可少，谦虚谨慎，慎独自省。三教之道就是我刚说的，《太上感应篇》的基本思想，包括《弟子规》《三字经》《千字文》，孩子们从小要懂得这些思想。

明清以来，中华民族各派文化道德的一个总的概念。

第一，祸福无门，为人自招。

第二，善恶报应，路影随行。做坏事必有报应。

第三，天网恢恢，疏而不漏。不敢以身试法。

第四，天道循环，丝毫不爽。

第五，德不配位，必有遭殃。

多少贪官污吏，现在一个个锒铛入狱。多少所谓大师，所谓名人，所谓英雄豪杰，成为历史匆匆的过客。因为德不配位，不管他顶着什么神圣的名义，光知道骗人敛财、胡作非为，终有一天将面临法律或者道德的审判，所以道德最重要。做一个有德之人，在这个基础上，人的气血才能平衡，其养生才能全部到位。

第二，武术养生。

对养生最有价值的武术内容，第一个是少林派。

少林派是在河南嵩山少林寺流传三百年来的少林武术，被称为外家。何为外家，就是力度，速度快，力量猛，适合青少年，所以它有时间段的限制。一般来说根据我们国家武术界的平均统计，25岁就到头了。要练到二十八九岁也可以，但是力量、速度达不到了。陕西省西安市著名的武术家——赵长军，在20世纪80年代末到90年代，连续十届获全国少林武术冠军。28岁那年他的速度、力量急剧下降，因此它退出拳团担任教练，再也不比赛了。所以少林派的弱点是年龄大了练不成。

第二个是武当派。

湖北省武当山的武当派，由600年前明朝的张三丰道长所创立，其特点是内家。第一，放松。不管练任何功夫，之前先完全的放松，身心彻底放松。第二，所有的动作用意不用力。什么叫用意呢？是一种感觉，在这个基础上产生内家真力，一种连绵的内在的力量，整体力量，这叫武当派。武当派最重要的功夫有三个，第一个叫形意拳。形意是走直线，形意拳有一个缓冲过程：放松，凝聚，准备。这个拳适合中年人训练，由于它有一定的力量，年过60岁的人不适合，30岁到60岁比较合适。

第二个叫八卦掌。八卦掌走圆圈，相对来说可以一直放松、一直不用力，或者略微用点力。这个拳过了60岁可以继续练，可以练到80岁。但是，走八卦掌不由自主劲儿就来了，好像身不由己。所以对于慢性病，也不合适。

第三个叫太极拳。太极拳适合所有人。中国太极拳，是张三丰所创立的。它的特点，一是画圆，所有的动作都是圆，这和太极图有关；二是自始至终都放松，保持姿势，全身放松；三是缓慢柔和；四是用意不用力。所以太极拳适用于所有人，男女老少，也适用于所有慢性病。国家体委承认六大门类：陈氏，杨氏，吴氏，武氏，孙氏，赵氏，其中赵堡氏是源头。张三丰600年前在武当山创造了中国太极拳，在武当山流传了200年，200年后流传到河南温县赵堡镇。在赵堡镇秘传400年，从明朝后期一直秘传到抗日战争时期。这400年间，赵堡镇上的人，练拳时紧闭门窗。认为是天下之至宝，武功之至高不敢让人看见。所以400年来无人知晓，都是单传，一个传一个。中间也有一些分支，但是赵堡镇总体是秘传。

明朝末年，由于赵堡镇和旁边五里之外的陈家沟村亲戚特别多，所以，太极拳传到了陈家沟。历史上，陈家沟的人练的是炮锤（现陈式太极拳老架二路），后来和太极拳结合，在明朝诞生了陈式太极拳。其特点是加了一些发力的动作，这就是炮锤的痕迹。

因为陈家沟是公开传，所以很多人认为陈家沟的是正宗，练得也比较好，现在传遍全国乃至全世界，出现了像陈小旺、陈正雷这些英才。代代相传，无论对健身，还是抵抗、防敌、御敌，都有十分重要的价值。

清朝时，京城有个名叫杨露禅的人，跑到陈家沟学习了陈式太极拳，回到京城后把它改变为杨式太极拳。杨式太极拳的特点是舒展大方，把所有的发力动作全部去掉。我们现在的大学生学的杨式二十四式，就是杨式太极拳的代表。杨式太极拳对于慢性病的治疗比较明显。因为它的速度更慢，更柔和。

清朝有一个满族人叫吴全佑，跟着杨露禅学杨式太极拳，然后改编为吴式太极拳，吴式太极拳更小巧更紧凑，特别灵活自如，吴氏相传，在北京还有很多人练。

河北有一个人叫武禹襄，跑到河南温县赵堡镇，跟陈清平学习太极拳，学成后回到永年，把赵堡式太极拳改为武式太极拳，其特点是特别的小巧紧凑，给人一种随心所欲的感觉。

中华民国时代，一代武林高手孙禄堂，练了十年形意，又练了十年的八卦，后来跟武式太极拳的传人——郝为真学习，他把形意太极八卦融为一体，成为孙式太极拳。孙式太极拳在北京也很流行。

天下太极是一家，就是这个道理。根据张三丰传下来的太极图，圆形画圆，缓慢柔和用意不用力，对养生效果最好。在中国武术中，特别是对于老年人慢性病，练太极拳是最佳选择。当然练哪一式，我个人认为练哪一式都行。

第三，静坐养生。

我讲了道德养生，武术养生，现在讲静坐养生。

静坐不是啥都不想，不是想小肚子，不是想宇宙能量进来，而是想自己体内的感觉，体会从头到脚、腰、背、肚子、大腿、小腿、手掌、肩膀……体会哪里不舒服，然后寻找舒服，更舒服，更更舒服，更更更舒服……没有最只有更。有时候可能出现不同的动作，觉得哪一个动作更舒服一点，不停寻找更舒服的那个姿势，那种感觉。这是古代一种特定的练功方法，稍微带一点动作和姿势。中国（包括印度）在世界流行的静坐，本质秘密就在这儿，坚持都有效果。

中国的高端养生我研究了20多年，我认为最重要的，最有现实价值的，最可操作的，就这几个。大家能掌握其中一两个那都非常好。

如果你能把几个都捎带、都把握，那你的养生就是最成功的养生。为了我们的幸福，为了我们的明天，为了我们一辈子的健康，让我们共同养生吧！

我有一个观点，掌握一些最基本的动作，完全可以自己练，不用学套路。我练太极拳有 20 多年，下面我介绍一下武术中的养生诀窍。这些武术我都研究过，有些也练过一段时间，而且在实践中发现它们独特的养生效果，我推出以下四个。

第一个叫鹰爪拳。

何为鹰爪拳？就是手指弯曲，可以弯曲成各种形状，比如说像这样弯曲，你可以各种弯曲，反正弯曲手指。你可以不用力，可以稍微用力，也可以很用力。你可以随心所欲做动作，当然你要想快也可以。

《黄帝内经》中有这样一句话可以表达，肝是肝脏，开窍于目，目是眼睛，肝开窍于目，其华在爪。肝脏的窗户是眼睛，它的精华是手指。那么这说明什么呢？眼睛、手指、肝脏三位一体是一回事。我们都知道我们的眼睛没法练，所谓眼保健操治不了根本，近视眼，照样近视，老花眼，照样老花。现在少年儿童得近视、斜视、弱视的越来越多，还有年龄大的人得青光眼、老花眼、白内障，眼病越来越多，尤其现在，很多人成天低头看手机，我们的眼睛都有问题。那么，怎么来解决眼睛问题呢？这是第一。第二，由于各种添加剂、地沟油、不干净的食物，水的污染、空气的污染、雾霾，现代社会的竞争，喝酒、生气，导致我们的肝脏都有问题。不仅有酒精肝、脂肪肝、肝腹水、肝硬化、肝癌，还有甲型肝炎、乙型肝炎、丙型肝炎……光肝的病就有十几种，我们怎么避开？我们的肝怎么能保证它不出事？肝病怎么防治？很简单，眼睛和肝脏问题，手指运动即可解决。每天做上三分钟、五分钟，随心所欲做，或者是早上五分钟，下午五分钟。我们的眼睛、肝脏问题，在三个月后将得到改善，一年以后彻底解决，绝对如此。我对很多朋友说，孩子放学回来，书包放着，跟老爸先练十分钟鹰爪功，20 岁以前的青年人假性近视都可以纠正过来。怎么纠正？鹰爪功。所以你们中间有些人眼睛有问题，成天看微信，眼睛难受怎么解决？——鹰爪功。你看我今年 69 岁，我的视力一直是 1.5。看小字儿，丝毫不吃力。就是因为数十年来不停地练鹰爪功，每天坚持三分钟。

男同学走上社会了，今天这个饭局明天那个饭局，你怎么保护你的肝脏？鹰爪功绝对少不了。所谓拳不离手，曲不离口，天天练，你的眼睛和肝脏是最棒的。就这么简单健身了，解决了咱们现代人一个困境。

第二个叫螳螂拳。

明朝时陕西有一个叫王郎的人练武术，不得奇妙，拜过师父功夫老上不去。有一天他在秦岭山坡上突然看见这么大一个螳螂，一下就把小昆虫逮住了，他突然受到启发，回来后就模仿螳螂练螳螂拳。螳螂拳在电视剧里也出现过，成龙早年的电影里就有螳螂拳。我专门留心了螳螂拳，发现螳螂拳有个奥妙，我们把手伸出来，把手腕弯曲，你可以在弯曲状态也可以伸开，也可以把大拇指和食指结合起来，保持这个弯曲度，这是螳螂拳的基本手法，也叫刁手或者叫勾手。螳螂拳的秘密就是勾手，随便做动作，马上让你感觉到两个手臂和颈椎全线贯通，而且下一步感觉到整个脊背贯通，这个动作不可思议。我做几个螳螂拳的动作，带上身形，光手这样做没用。

现代人的两大困境。

现代人男女老少大都有颈椎问题，上网、打游戏、看电视、开车、写字、看书，你只要保持固定一个动作，你的颈椎就会出事儿。所以颈椎病当代人人有之，就是轻重问题，这是第一个病，颈椎病。

第二个病，腰椎病，腰椎在什么地方呢？就在肚脐正对背部这个地方，正对肚脐眼。大家为什么腰疼了，成天这样坐，我们每个人的坐姿各不相同，这样坐，那样坐，由于种种坐姿，特别是开车，开车固定坐姿，打电脑固定坐姿而引发腰椎间盘突出、腰椎间增生等各种腰病。

第三个病，下肢瘀血，包括大腿、小腿、腰部以下，为什么瘀血？就是长期坐，不运动。办公室人从早坐到晚，每天十个小时，容易导致颈椎、腰椎、下肢淤血三大病。一个最简单的解决办法——练螳螂拳。上班族，打电脑，一个多小时后站起来，或者你借着上洗手间去路上开始这一活动，那么你的颈、椎腰椎、下肢马上气血通畅。你的身体状况马上改善，新陈代谢立刻变化，但是非得这个姿势。螳螂拳的奥妙，妙不可言。平常重点就练这两个——鹰爪、螳螂。或者你把两个结合起来，忽而鹰爪，忽而螳螂，忽而又变成鹰爪，大家不要学套路，随心所欲就好。

第三个叫自然门。

什么是自然门呢？清朝末年，四川有一个徐道长说峨眉派的功夫是四川的功夫，它介于少林和武当之间。徐道长身怀绝技，有个传人叫杜新武。杜新武是孙中山先生的保镖，孙中山先生走到任何地方，他始终不离左右。自然门功夫说穿了没套路，怎么练？随便练，跟着感觉走。我修炼过自然门一段时间，不用练套路，你感觉怎样舒服你就怎样练。所以用自然门跟着感觉走的方法练鹰爪拳和螳螂拳，那你的身体肯定好得不得了，你有啥病？啥病都没有。

现在认识好多年轻人，前一秒钟还好好的，后一秒钟动不了了，这叫什么病？——脑梗。脑梗过去发生在五六十岁的人身上，现在三十多岁的人就有了，四五十岁的人得脑梗的特别多。脑梗的原因，就是脑血管突然堵塞动不了，站不起来，走不成路。那怎样防止脑梗、心梗、糖尿病？如今糖尿病大面积暴发，各种癌症在我国井喷式暴发，还有白血病、肾上的各种病。

那我们怎么办呢？用自然门的方法，跟着自然门的感觉来练鹰爪拳和螳螂拳，你就不容易得病了。将来到了七八十岁，你这一辈子几十年身体健康。这是人生最重要的前提呀，健康第一，你没有健康，全部都是零。多少老板发了几十亿的财，得癌症，死了。多少官员正在飞黄腾达，得了什么糖尿病、心脏病，死啦！啥都干不成了，这种案例太多了。

第四个叫大成拳。

养生曾经被誉为21世纪朝阳产业，最有前景的产业，各种养生崛起。晚清到中华民国时期，北京有一位不可思议的人，名叫王芗斋，被誉为近代武术第一高手。王芗斋只练站桩，什么叫站桩呢？就是用各种姿势站。那么怎么站呢？你觉得怎样舒服就怎样站。清朝人讲站桩出功夫，王芗斋就这么站，他不练别的，只要感觉怎样舒服就怎样站。不舒服了，调整一下，这叫大成拳。这个大家也可以做一个锻炼方法，用不同的姿势站，然后换姿势站，长功夫。

静坐养生。我们看古代小说、电影、电视剧，常常看到老道在打坐，少林寺的方丈在静坐，练武之人在静坐。那么静坐有什么好处呢？按照现在国际上的标准，认为第一是中国的静坐，第二是印度的静坐。

印度的静坐主要是瑜伽，静坐是他们的基本必修课。中国的寺院、道观，那些和尚、方丈、道人还有练武的少林派、武当派，他们也都静坐。关于静坐，世界卫生组织（包括国际静坐协会）都发表过很多文章。下面我们看看静坐的几大好处。

一、身心放松。

放松，气血归经，全身的气血能量按照经脉正常运转。平常忙工作、上班、学习，我们的气血是紊乱的，特别是生气时，气血就完全乱了，容易导致疾病。但是静坐，两条腿盘着也行，不盘也行，腿着地也行，觉得坐不住，背靠什么东西也行，不靠也行，放松。一放松，气血归经。

二、安静，放松，这时觉得特别的舒适。

三、排除杂念。

不要想明天要干啥事儿，后天要干啥事儿，啥都不想，有助于恢复健康，这是第一种静坐。

第二种静坐，是从啥都不想变为想一个东西。想什么呢？想小肚子，特别是肚脐。在中国古代叫气沉丹田，对长生不老、恢复健康，意义重大，每天五分钟、十分钟、二十分钟、半个小时都可以。

第三种静坐，是一种特定的静坐，一般晚上比较合适，特别是11点以后万籁俱寂，静坐床上或者沙发上。不是说啥都不想，也不是想小肚子，而是想什么呢？想宇宙的能量进入咱们的身体。每个人的能量就这么一点儿，天长日久，能量不断地消耗。我们经常想宇宙的能量是无穷无尽的，它们进到身体来，至于怎么进来的，你不用管，只要这样想就行了。开始没感觉，甚至一个礼拜过去了，十天过去了，啥感觉都没有，不要紧，你可以念一个口诀，自己创造一个口诀：吸收宇宙能量，宇宙能量进入我身体。

第四，茶道养生。

为什么要说茶道养生呢？

2015年，世界卫生组织推出了最新关于中国茶的研究成果，喝茶起源于3000年前的云南西双版纳地区。目前中国有四大茶区，一是江南茶区，包括浙江、湖南、江西、安徽，盛产绿茶、红茶、乌龙茶、花茶。二是华南茶区，包括两广、福建、台湾、海南，盛产乌龙茶、红茶、绿茶、花茶、白茶。三是西南茶区，包括云南、贵州、四川、西藏东南部，盛产普洱茶、绿茶、红茶、沱茶等。四是北方茶区，包括河南、陕西、甘肃、山东，盛产绿茶。

茶叶有个简单的分类办法，摘下的茶叶不发酵，叫绿茶；轻微发酵，捂一捂，有白茶、黄茶；中度发酵有乌龙茶、铁观音；完全发酵有红茶、黑茶，把茶压成圆饼形状或者像一个砖头形状。

茶叶的成分有600多种，其中有500多种有机物、碳氢化合物，和人体生命直接相关。无机物有100多种，对人体寿命也有调节作用。茶叶的营养成分包含蛋白质、氨基酸、维生素、矿物质、糖素脂肪，茶叶中氨基酸有30多种，其中有8种人体自身不能合成。茶叶中的矿物质包含人体必需的24种，铜、铁、锌全都有。

绿茶偏寒，红茶温和，青茶不寒不热，黑茶温和，白茶不寒不热，苦丁茶寒，所以喝茶时要有选择。

1945年，美国往日本广岛扔了一颗原子弹，爆炸到今天已经过去70多年了，科学家发现当地活着的人，有些人竟然没有得癌症。按说原子弹爆炸辐射作用，癌症免不了，但是广岛当地有许多老人没有任何癌症，百岁以上老人基本上都喝茶，这说明茶叶防癌且可能抵抗核辐射。

一杯茶的可抗氧化功效，相当于一瓶半红葡萄酒、十二瓶白葡萄酒、十二杯啤酒、四个苹果、四个洋葱、七杯鲜橙汁。

那么什么叫抗氧化呢？现在世界卫生组织终于查明人衰老的根本原因是体内积累了太多的自由基。自由基是什么意思呢？我们吸的氧气是由两个氧原子合成一个氧分子。在我们新陈代谢的过程中，氧分子可能随时分裂成单个的氧原子。单个的氧原子就叫自由基，这个过程叫氧化过程，自由基出现，人就必然衰老。那么对抗自由基就成为关键，红葡萄酒、白葡萄酒、啤酒、苹果、洋葱、鲜橙汁、胡萝卜，都是对抗自由基的最佳食物。但是我们研究发现茶叶抗氧化性远远超过了上述食物，特别是绿茶、黑茶、红茶。

绿茶、黑茶、红茶有强大的抗氧化和防晒作用。你想抵抗衰老吗？请每天坚持喝茶。

秘密找到了，而且茶叶的效果比维生素强 18 倍，在人类合成的药物中，维生素是抗氧化的强大的药物，但是维生素 E 比不上茶叶，而且维生素 E 的副作用太大。美国科技新闻有一个新发现，茶叶可以有效阻止艾滋病病毒在人群里传播。假如说你已经有艾滋病，而且艾滋病病毒已经进到你的体内了，如果及时核查，可立刻阻挡艾滋病病毒。继续喝茶，艾滋病病毒竟然退出去了，它到哪儿去了？不知道。这是美国科技新闻的最新观点。目前，茶叶依然是最有效的抵抗艾滋病病毒的饮料。目前世界上有 4000 多篇论文，论述一个主题：茶叶是癌症克星。关于这一点各国取得共识，而且发现茶叶对于各类癌症均有明显的治疗和防范作用，而且绿茶效果最好。

庐山云雾、碧螺春、黄山毛尖、太平猴魁、六安瓜片、西湖龙井都是著名的绿茶，茶防癌抗癌，我每天上午喝红茶，下午喝黑茶，晚上喝绿茶，一直坚持。因为黑茶对肠道特别好，特别是脾胃；红茶对大脑特别好，帕金森综合征、尼美尔氏综合征、各种头疼偏头疼，红茶一扫而光。

推荐咱们贵州出产的一种茶叫灵芝茶，灵芝茶对于各类癌症心肺肝病提高免疫力具有强大的作用。灵芝作为一种特定的中药真正是癌症的克星。如果灵芝配绿茶，所有的癌症一扫而光。现在贵州毕节地区正在进行大规模的种植、生产、实验，我们贵州将成为中国乃至世界上一道最亮的风景线。世界瞩目贵州，贵州代表未来。

糖尿病很讨厌，一旦发生并发症，就很危险，大家知道没有什么特效的方法。而糖尿病现在大面积暴发，它是由饮食造成的，是营养过剩，喝茶可以化解这一点。

减肥排毒，通过黑茶效果特别好，而且黑茶能有效地预防大肠杆菌。如果一般的肠胃不好，拉肚子消化不好，劝你不要吃药，是药三分毒，我建议喝黑茶，案前常备黑茶一包。黑茶有两种，一种是湖南安化黑茶，另一种是陕西泾渭茯茶。黑茶是碱性饮品，有恢复健康益寿延年的作用。

我们知道 pH 值，这面偏酸性，那面偏碱性，碱性是发蓝、发紫，而所有的饮料、酒、自来水全是酸性的，我们吃的米、面、油、蔬菜也大部分是酸性的，所以我们的身体一般偏酸性。酸性有什么特点呢？疲乏无力、提不起精神、没劲儿、困乏。而碱性是什么呢？朝气蓬勃、提起精神、力量无穷。

我们怎么达到碱性呢？喝茶、锻炼让我们走向碱性，吃饭、喝水让我们走向酸性。

所有的茶叶都是碱性的，所以，喝茶为什么一喝好舒服，这是一个原因。茶叶中有一种成分叫多巴胺，多巴胺有个特点，少了不行，多了也不行，要刚好。零点多少毫克，没有你就感觉到心烦意乱，有就立刻心情安宁舒适、心情愉悦。茶叶中的多巴胺，不多不少刚好满足需要。不管是什么茶，只要是好茶叶，好茶叶好在哪儿？多巴胺的含量刚好。所以建议大家喝一些品质优良的好茶，瞬间心情舒畅，所有的忧愁一扫而空。

第五，中医养生。

在这儿我只谈《黄帝内经》中关于养生的七大原则。

一、法于阴阳，和于术数。

阴阳平衡，现在人叫规律，古代人叫天道。《黄帝内经》中认为人的正常寿命是100岁，现在活到百岁的真是太少了，一般七八十岁。那么，我们怎么活到100岁？掌握规律，生活有规律，不要劳累过度，不要熬夜，不要透支生命，就这么简单。

二、虚邪贼风，避之有时。

什么叫虚邪贼风？就是突然一阵狂风刮来，飞沙走石。在高速公路上如果把窗子打开，坐在窗边，突然就感觉到一股风刮进来，这种风叫贼风。

中医认为风寒暑湿燥火六淫致病原因风为第一原因。

风乃万病之根源，比如说风湿病，是风造成的，所以要避风。和煦的春风，那不要紧，千万不要在狂风大作时外出锻炼，要躲避，起码挡一下。很多人没这个概念，任凭贼风吹过，那留下的病根子是长远性的。

三、恬淡虚无，真气从之。

这是《黄帝内经》的名言，意思是欲望淡一点。各种欲望、吃喝玩乐，追求享受功名、富贵，人的欲望可谓多矣。所有的欲望淡一点儿，一旦欲望淡了，那么真气就是生命的能量，立刻在体内开始正常循环，按14经脉道路正常运行。就这幅图上的手太阴肺经、手阳明大肠经、足阳明胃经、足太阳膀胱经、任脉督脉，叫生命能量正气。欲望异常，正气阻断它就不能正常运行了。所以我们干什么事情，都要把欲望控制一下。想吃香的喝辣的，要发财，那你的身体怎么办？所以欲望不要太强烈。

四、精神内守，病安从来。

这句话是什么意思呢？每天找一点儿时间大概五分钟、十分钟闭目养神，或坐或站或躺，放松，养神。不要注意外界，不要坐着躺着的时候还想着下午跟谁喝酒去，明天要干些什么事情，怎么能发一笔横财。不要胡思乱想，一旦静坐静躺，就放松，什么都不要想。放松安静，这叫养神。把握阴阳，遵循大自然的规律。好比春天衣服不敢脱得太早，不然容易感冒。秋天不敢加衣服加得太勤了，也容易感冒。

中国古代认为养生要注意呼吸，第一点，自然呼吸。打太极拳就自然呼吸。第二点，夸张呼吸。像少林拳有许多夸张呼吸。第三点，停闭呼吸，硬气功，憋气。一般来说人为的憋气停顿对身体并不好，但是如果在修炼中，好比练鹰爪、螳螂突然自动出现的，短促呼吸或者停闭呼吸都是好的，人为出现都是不好的，太极拳一般没有，但是其他拳有。

五、圣人不治已病治未病。

不要等到癌症已经产生了，动不了了才要养生。来不及了，要早下手，像你们这个年龄刚 20 岁出头，现在养生最合适，从现在开始做准备，准备着 60 岁到 100 岁，只要练过，没有癌症，没有心血管疾病，没有高血压，没有糖尿病。大家从我开始，从现在开始，从一点一滴开始，从今天晚上开始，一会儿听完讲座就开始练功，这叫治未病，是《黄帝内经》中的养生原则。

六、阴平阳秘，精神乃治。

工作累倒，再也醒不来了。要善于休息，一张一弛。一般来说看电脑看手机最多 50 分钟要休息 10 分钟，所以国家规定的一堂课，中间休息 10—20 分钟是正确的。利用休息时间缓一缓，活动活动，千万不要 3 个小时、4 个小时打电脑，那非常危险。我们看过报道，有个青少年在网吧玩三天三夜，一头栽倒，16 岁的他从此撒手人寰。

七、正气强者，邪不可干。

这句话是什么意思呢？就是各种病毒、不良的环境、不良的饮食，导致我们生病。但是身体好，经常养生，这些不良的东西就害不了我们。我们面对同样的雾霾、同样的水、同样的添加剂，有人身体健康，有人就扛不住。这是为什么呢？锻炼。冰冻三尺非一日之寒，在逆境中坚持数十年者是真正的强者，这是《黄帝内经》的养生原则。

药材养生。首先，丹参被誉为心脏病的克星，可活血化瘀，通络止痛，治疗各类心脏病、肝病，镇静安神，改善睡眠，提高免疫力，防癌抗癌，降低三高，克制关节疼痛。其次是灵芝，被誉为癌症的直接克星。毕节地区独特的气候、湿度、温度、光照，特别适合灵芝生长。在这儿长大的灵芝个儿大疗效好，全国第一。而灵芝可治疗神经衰弱、"三高"、各种心脏病、心肺病、防癌、抗癌、肝病、消化不良……几乎能治百病。灵芝在古代被誉为灵药、仙药、不可思议的药，目前是治疗癌症的直接克星。还有一种不可思议的药叫牛樟芝。牛樟叶子也能防癌，牛樟芝对防癌有明显的效果，它的功效是灵芝的50倍。

最后给大家推荐一个手印法。它的理论来自古代著名的经典——《黄帝阴符经》，只有200多个字。据说天有五行，人有五指。人要健康，可以通过五行盗取天机，治疗疾病，保持健康。古代中医大拇指代表脾胃，食指代表肝脏，中指代表心脏，无名指代表肺脏，小指代表肾脏。庙里大家都去过，而电影电视剧看到如来佛或者观音菩萨做这个动作，我就开玩笑说如来最近正在调整脾胃和心脏功能。如果发现最近消化不好，脾胃不好就多活动大拇指。有肝炎，活动食指。心脏不好就活动中指。最近感冒了咳嗽，肺不好就活动无名指。腰不好，腰疼，肾脏有问题，活动小指。活动要对应手指，每天没事就这样轮流按一按，对五脏功能都有调节作用。

师生互动：

学　生： 艾老师，您好！刚才在您讲授的过程当中我注意到您说茶道养生，我在喝茶的时候不喜欢刚泡出来的茶，更喜欢第二泡，觉得比第一泡好喝，为什么会有这种感觉？

艾光明： 一般来讲想要把茶叶泡好，不管你泡在茶杯里还是茶壶里，倒水在里面后要摇一摇，晃一晃，这个过程叫洗茶。把第一遍洗茶的水倒了，因为茶叶在加工生产运输包装途中，难免有灰尘或者其他的东西进去，所以洗茶至关重要。如果不洗茶，就像你说的喝了茶会觉得不舒服，因为它可能有灰尘，所以洗茶以后它没有灰尘了，喝着就好得多了。

学　生：艾老师，您好！茶有不同，人也有不同。那么请问什么样的体质该喝什么样的茶？

艾光明：经过我研究，我觉得黑茶、红茶都是广义的概念，都可以喝。黑茶任何人都可以喝，湖南安化黑茶，陕西泾渭茯茶都是最好的黑茶，对脾胃特别好。但是由于绿茶偏寒一点，所以如果一个人体质太弱，就要少喝绿茶或喝淡一点。刚才讲到绿茶性寒，苦丁茶也性寒，还有白茶、黄茶，性寒的茶要少喝或喝淡一点。一般来说喝茶不宜太浓，太浓的话容易刺激睡不着觉，除了黑茶以外其他茶叶要淡一点。茶一般就喝两遍，最多三遍，第四遍就不喝了，就要泡新茶。白天可以喝绿茶，建议大家晚上睡觉前喝点黑茶，有助于睡眠，它不会造成失眠，但是红茶、绿茶都可能造成失眠。

学　生：老师您好，我想问一下武术养生，对于青少年和幼儿来说会不会有不恰当的地方？

艾光明：太极拳男女老少都可以练习，但少林拳要慎重，有些身体弱的不适合练习，因为对力量速度要求太高，我们达不到那个要求，打得不伦不类就不叫少林拳了。练太极拳最好，这是我个人的认识，像这个鹰爪和螳螂就是一种模仿式的武术，都有良好的健身作用。好，今天就讲到这里，下次再见。

谢谢大家！

录音稿整理：2018 级学前教育 12 班　杨婵

2018 级学前教育 12 班　王梅

作者简介 　　艾光明，西安外国语大学教授，西安交通大学 MBA、EMBA 客座教授，中国高端养生学会会长，西安光明国学文化研究会会长，当代著名国学大师，在全国各地主讲的有《孝道文化》《儒家史话》《周易文化》《武当太极拳》《道家养生》《禅定修炼》《关公文化》《中华美德》《君子之道》《国学与经济》《国学与教育》《国学概论》《国学纵横》《中华高端养生》《易经与风水》《周易史话》等内容。

学生课后感文章选录——

养生贵在坚持

2016 级学前教育 22 班　陆国兰

2018 年 3 月 23 日，有幸在贵阳幼专图书馆一楼学术报告厅，聆听西安外国语大学教授、中国高端养生学会会长艾光明老师的讲座，受益颇多。第一次深切体会到，身体是革命的本钱，养生是多么的重要。

中华养生是以"复兴传统中华养生，致力于身心和谐的自然疗法为使命，促进人类健康长寿为目标的养生"。讲座中，艾老师从五个方面进行讲述，即"道德养生、武术养生、静坐养生、茶道养生、中医养生"。其中，令我印象最深的首先是道德养生。一个人如果连最基本的道德素养都不具备的话，那么谈何养生呢？心静，不浮躁，拥有正能量，热爱生活，放宽心，这不就是养生吗？其次是武术养生。艾老师在讲座现场给我们做了几个简单的武术动作，适合所有人做。在艾老师的带领下，同学们很快掌握了这几个基本动作，当闲下来的时候，都可以照着练习。

养生，对于每个人来说都极其重要，尤其是在当今时代，科技发展很快，很多人对电子产品痴迷，越来越忽视对自己身体的保健。所以，通过此次讲座，我知道了养生刻不容缓。

因为拥有健康的身体，才能实现其他的人生目标。

中国养生保健是一种习惯。所以，在日常生活中，我们要注意健康饮食、规律生活，养生保健不等同时尚潮流。

在遥远的过去，人类已经很注重养生保健，并用当时的条件和方式表现。现在，随着科技的发展和人们健康意识的提高，养生保健的理念已成为一股热潮，影响广泛。

总之，养生保健要从点滴做起，从自身做起，从行动开始，养成一种良好的习惯，将养生保健进行到底。作为当代大学生，我们要尽量远离电子产品，不要一有时间就追剧，利用闲余时间跑跑步、健健身，少熬夜，作息时间要规律，吃的东西尽量清淡。当一切都习以为常的时候，那么，你的养生目的便达到了。

最后，养生不在于华丽，而在于坚持，事半功倍的例子很多，成功的人都赢在了坚持。所以，不要再让养生只成为一句口号，而是要渗透到生活的点点滴滴。一起加油吧！

自律是养生的前提

2017 级卓越实验班　王　萍

养生这个词对于我们来说，并不陌生。生活中可能经常听到有关养生的话题。

说到养生，我会第一时间想到瑜伽、茶艺、武术或者太极。没错！这些中国千百年来流传下来的养生方法，绝对不是空洞的、毫无道理的。既然能流传千百年就说明养生一定具有很大的作用和功效。其实每个人都应该懂得一点养生，养生不仅可以让我们的身体更加健康，还可以陶冶情操，愉悦身心。

很开心，学校图书馆举办了这次关于中华养生的讲座，让我能深入了解养生，更加懂得养生，使我的身心获得一次良好的体验和感受。老师教了我们很多养生的方法，每一种都是我们平时可能经常听到但是却从来没有亲身体验过的，所以在听老师讲这些令人好奇又神秘的方式时，我的心情是十分激动和兴奋的。

我忽然觉得，养生其实离我们并不遥远，就存在于我们自己的日常生活中。养生随时可以进行，从身边做起，从小细节做起。养生原本就很简单，现如今我们的生活，可能越来越没有规律，有的人可能凌晨都还在抱着手机，有的人可能在该吃饭的时候还离不开手机，或者手里的工作还停不下来。

当今社会的发展速度之快，是我们不敢想象的。越来越多的人为赶上飞速发展的时代而拖垮了自己的身体，其实这样是非常不好的。俗话说："身体是革命的本钱。"如果没有一个很好的身体，那么一切都没有意义。也许你家财万贯却整日因为疾病的折磨而无法下床，那么那些你曾经梦寐以求的生活此刻还是你想要的吗？你看不到外面的山山水水，看不到明媚的阳光，感受不到和煦的春风，有什么意义呢？

听了这个讲座之后，我最大的感触就是：每一个生命都是来之不易的，每一个生命都应该被珍惜。你来到这个世界不是只为了追求物质的东西，你也许想要实现自己的精神追求，你也许想要实现自己的价值。但在想这些之前，你应该明白，你必须拥有一个健康的身体，你要保持一种对生命的敬畏和尊重。

爱护你自己的身体吧，学会自律就是我们每一个平凡人最简单也是最重要的养生。

红枫湖·百家讲坛

▽

第二十六期

知行合一的光辉典范——王阳明

王晓昕

大家下午好，首先给各位同学说声节日快乐！

我今天要讲的主题属于哲学范畴，如果是哲学专业的同学可能比较感兴趣，而我们幼专没有这个专业，我今天就尽量把它讲得通俗易懂一点，让同学们都能听懂，或者基本能听懂。因为会涉及很多哲学思想，我就尽量避免概念化。今天要讲的题目是"知行合一的光辉典范——王阳明"。

历史上著名的王阳明先生。很多人知道有这么一个人，却不知道他到底多大年纪。我去年到北京，一个政府的高官知道我来自贵州，向我谈起："你们贵州有个王阳明，很有名啊！"他接着问："那他今年多大岁数啦？"我一愣，当时还算机敏："有五百四十多岁了吧。"他一听脸马上就红了。作为一个官员不知道，这是非常不应该的。而我们年轻人不知道的话，这可以谅解，但长时间不知道，也是不应该的。

习近平总书记这几年多次提到王阳明。2011 年 5 月 9 日，时任国家副主席的他来到贵州大学，特别提到王阳明："你们贵州的王阳明我是很敬仰的。"他还说了"四个伟大"和"一个典范"。王阳明先生是伟大的思想家、伟大的哲学家、伟大的政治家、伟大的军事家,提出了"知行合一"哲学理论,他本人就是履行知行合一的光辉典范。

王阳明是知行合一的光辉典范,我把它分成三个问题来说。第一,我们先来说年轻时期的王阳明。从出生到来贵州之前的这一段历程,我给它取了一个名字叫"立志成圣"。第二个问题,他来贵州待了三年,干了一件惊天动地的大事,就是中国历史、中国思想史和中国哲学史上最为著名的"龙场悟道"。第三个问题,给同学们讲讲为什么他是知行合一的光辉典范。

第一个问题:立志成圣

明朝成化八年,也就是公元 1472 年,王阳明出生在浙江余姚的一个书香官宦世家。其祖祖辈辈都是知识分子,也就是古时候所说的士大夫。如果追溯到祖上二十三代祖源,他是大书法家王羲之的后代,他的六世祖叫王刚,祖父王伦,父亲王华。

一日,王阳明奶奶做了一个梦,梦见神人从云端驾着彩云而来,怀抱着用漂亮衣服包裹着的小男孩儿进了房间。奶奶一下子醒了,这才意识到原来是一场梦。一会儿,就听见儿子媳妇的房间传出婴儿的啼哭声,一个小男孩儿诞生了。奶奶把这个梦讲给家里人听,爷爷就给男孩儿取名——王云,寓意云彩。而小王云直到 5 岁仍不会说话,却非常机灵、聪明,成天眼睛转个不停,特别喜欢思考问题,但就是不会说话。这是怎么回事呢?一日,他和邻居小孩儿在院子里玩打游击的游戏,表现非常灵敏、机警。这时走过来一个道僧,摸了摸他的头,说了八个字:"好个孩儿,可惜道破。""可惜道破"是什么意思呢？古人讲究"天机不可泄露"，而"王云"这个名字泄露了天机，天机是不能说出来的。爷爷突然醒悟，给王云改了名字，改成王阳明？不是，而是取《论语》中"仁能守之"，改为了"王守仁"。改了名字后，王守仁马上就会开口说话了，大家说神不神奇。你们猜猜他说出来的都是些什么话呀？完全是古人的四书五经、大学之道里面的内容。爷爷非常吃惊："我没教给你这些，你怎么会呢？"王守仁说道："闻祖读时，已默记矣。"意思是当听爷爷您读书的时候，我就已经默默地记下了。哲学家小时候尽管不会说话，但他的大脑却非常发达，非常聪明，什么都给记下来了。所以教育的方式不是单一的，也不是刻板的，并不是说小小年纪就一定要背得唐诗三百首，英语九百句。背了又能怎么样呢？王阳明从未背过唐诗三百首，五岁前还不会说话呢，更不用说英语九百句了。同学们应该都读过王安石的《伤仲永》，仲永小时候能说会道、吟诗作赋，但到了十多岁后变得平庸无奇。所以现在学前教育背这背那，朗诵这朗诵那，我认为这不适用于所有儿童。王守仁从 5 岁到 11 岁，一直跟着爷爷在老家浙江余姚生活，成天只知道玩，听爷爷读书，自己在一旁默默记下来，始终没有接受正规的教育。那他父亲干吗去了呢？到杭州准备科举考试去了，在杭州考过乡试后，又到京城参加会试，终于在王守仁 11 岁那年，父亲王华考上了状元，留在皇帝身边做翰林院的编修，给太子教书。父亲想，现在自己做了大官，应该把孩子和老父亲接到京城一起享受天伦之乐，于是就把他们祖孙从浙江老家接到了京城。爷爷带上 11 岁的小王守仁从浙江出发，经过绍兴、杭州，一直乘船往北到京城。那个时候大运河已经开通，他们坐船到了长江边上维扬（现在的镇江）的一个著名景点金山寺留宿，同时借宿的还有很多过往的客商、文人骚客等，大家在一起吃饭、喝酒。大抵都是文人的缘故，开始吟诗作赋，商量着对金山寺吟诗一首。半天过去了还没想出来，一旁的小王守仁脱口而出吟了一首诗，震惊了在座的各位。诗的内容是这样的：

> 金山一点大如拳，打破维扬水底天。
>
> 醉倚妙高台上月，玉箫吹彻洞龙眠。

此语一出，大人们一片惊奇，竟不相信一个小孩能说出如此令人赞不绝口的四言绝句。质疑是不是小王守仁事先背好的，于是便让他重新作一首。在场的一个文人指着一座房子说：这房子后面有一座山，山上有一个月亮，你就据此赋诗一首吧。于是小王守仁又赋诗一首：

> 山近月远觉月小，便道此山大于月。
>
> 若人有眼大如天，还见山小月更阔。

这首诗虽然不是很高超，但它里面透露出一种宇宙观，这种宇宙观就是哲学研究的对象。哲学研究什么呢？就是研究宇宙和人生。他的诗里蕴含着道理，人站在不同的坐标上观察宇宙，就会得到不同的结论。第二天爷爷带他继续北上，终于来到京城见到了父亲。随后，父亲给他安排了读书任务，找了一位私塾老师。第一天上课，老师开始之乎者也，教他"天命之谓性，率性之谓道，修道之谓教"之类，王守仁非常蒙，就问老师："老师，人生的第一等事到底是什么？我们读书到底是为了什么？"老师回答道："当然是为了登第。"小王守仁不以为然："读书登第恐未安，读书是为了学圣贤。"圣贤是什么？是道德理想高尚的人，不仅仅是位高权重的人，孔子、孟子、朱熹都是当之无愧的圣贤。我教过小学、初中、高中、大学，专科、本科，带过研究生，通常我会问学生有什么理想，所有学生回答的理想都不如王守仁：做教师、科学家、企业家、医生、明星，等等。当然这些理想都非常好，但都跟饭碗有关系，只有王阳明的理想不是具体的职业，跟饭碗没关系。不管将来做什么职业，你都可以成为圣贤，但这只是可能性。王阳明告诉我们，人的终极目标不是做教师、科学家、医生，那只是现实目标，终极目标就是要成为人，成为一个有理想、有道德的人，这是我们要讲的第一部分。

立志成圣。2016 年的 7 月 1 号，在建党 95 周年的重要讲话上，习近平主席以"不忘初心，砥砺前行"为主题进行演讲。初心就是最早立下的志向，就是理想。志不立天下无可成之事，如果不立志，天下没有什么事可以做成。2021 年五四青年节时，习近平总书记来到中国政治学院，对学生们说要立大志。2022 年来到北大，对北大的学生提到要立鸿鹄之志。

王守仁 11 岁时立志做一个圣贤之人，往后用了 26 年的时间探索用什么样的方法、通过什么样的方式实现理想。他十四五岁时，国家非常混乱，于是他学习兵书之法、武经七书，甚至骑着马，跑到蒙古包，居庸三关，想跟别人打仗。17 岁结婚当晚还没有入洞房就开溜了，去哪儿呢？原来他到南昌各地闲逛去了。别人来吃他的喜酒，他却悄悄溜走了，来到一个寺庙，看到一个道人正在打坐。道教讲究成仙，佛教讲究成佛，儒家讲究成圣，这些都是各家的最高理想。他跟道人攀谈起来，请教成圣的方法，一直促膝长谈到天亮。直到第二天，岳父带着家丁找到了他，他就是这样一个连自己终身大事都能弃之脑后的人。王守仁在岳父家练习书法，把岳父留存的几沓纸都写光了，书法功底了得。整整练了一年后，他得出一个小结论：写字必须凝神静气，方能写好。

到了第二年18岁时，他带上夫人回到了浙江余姚老家。往东走到江西，到了一个叫上饶的地方，遇到了当时的大哲学家——娄谅。娄谅告诉他只要通过学习就能成为圣贤，学习朱熹的循序格致之学，圣人就必可学而至。王守仁拜娄谅为老师，这大概是他学术上的第一位老师。回到家乡后，他收集了很多经史子集，不分昼夜地读。可光读书而不实践，就会对书里的理论产生误解。朱熹曾说，一草一木一树皆含至理。意思就是说，世间的一草一木一树皆含有深刻的道理，就连一根竹子里都包含有天理。王阳明就去观察竹子，盯着竹子凝神静思，目不转睛。然而他看了半天什么结论也没有，反而病倒了，因为他盯着竹子看了七天七夜。他开始怀疑自己是不是与圣贤没有缘分呢？于是他的初心被动摇了，转而去学文学了。

21岁时，他在杭州参加了乡试，中了举人。22岁时到了京城，参加会试，这次会试他落榜了。虽然如此，但他的文学水平却越来越高了。这个时候他与京城的文学青年们混在一起。当时京城著名的文学青年有李梦阳、何景明等人。

25岁时，他参加了第二次会试，不幸又落榜了。他察觉到学文学不足以通至道，不能找到成圣的道路。跟他一块儿落榜的年轻人感到落榜很可耻，而他却说了一句："世以不得第为耻，吾以不得第动心为耻。"意思是：世人都认为落榜了可耻，而我以落榜了动心为耻。虽然这个时候他的心学还没建立起来，但他已经开始关注内心的作用。"不动心"这三个字，最早由公元前300多年战国时期的孟子提及。

看到学文学没有什么用，王守仁转而又去学其他的学问，他一直在学道家，后来又学佛家，时间长达20多年，始终找不到出路。他曾在老家绍兴会稽山阳明洞学道家的导引术，自号阳明子。后来大家就称他王阳明。学来学去，他始终找不到实现其初心的方法和道路。正在他内心极为矛盾的时候，发生了一件大事。老皇帝弘治孝宗死了，15岁的小皇帝正德武宗即位。弘治孝宗皇帝虽然克勤克俭，经常穿着打补丁的衣服上朝，但溺爱儿子，导致孩子特别任性而玩世不恭。这小子甚至常在长安街上扮作卖菜人，与人斗蟋蟀等，尤其喜欢那些稀奇古怪的野兽，经常穿上盔甲，带上长矛与野兽打斗。小皇帝周围有两种人，一种是正直的人，另一种是阿谀奉承的小人。其中一个小人名叫刘瑾，陕西人，7岁进宫。这人非常聪明，又会投机取巧，净身当了太监，拜了一个姓刘的老太监做干爹，由谈姓改姓刘。小皇帝身边围着八个这样的太监，而这八个人，一方面对小皇帝阿谀奉承，另一方面对朝廷大臣凶恶残暴。王守仁这时任兵部主事，对腐败的政治奋而抵抗，上奏宦官。结果宦官假借皇帝的旨意打压百官，王阳明因此被下诏狱，又拖出来打了四十大板，然后被贬到贵州龙场驿做驿丞。

第二个问题：龙场悟道

王阳明被贬谪到贵州龙场，这当中有很多辗转和曲折，遇到各种天灾人祸。为了不连累家人，他还是来到了贵州。龙场就在现在的修文，那时候龙场相当于一个驿站，养着一群马，供来往的客商使用。那时候贵州是穷乡僻壤，是一个不为人知的省份。我用三个野来形容，一野是朝野之野，贵州远离政治中心；二野是文野之野，贵州远离文化中心；三野是荒野之野，贵州远离经济中心。就是这么一个地方，崇山峻岭之中，野兽常常出没。王阳明跟当地人语言不通，最令他害怕的是春天到来之际，有一种毒气扑面而来，当地人称之为瘴气。瘴气是怎样形成的呢？千百年来动植物尸体腐烂，到了春天太阳照射就由此形成了。现在因为经济的发展，社会的进步，这些都被开发掉了。跟王阳明差不多同时来的另一个小官吏带着儿子与仆人三人路过龙场驿，王阳明本想与他们打招呼，发现天晚了，决定第二天再去。到了第二天因为睡过了头，起来一打听人已经走远了，后来当地有人说在山下看见他们，已经死了。王阳明为他们修了一座坟，名叫三人坟。修文出去十多公里有一个地方叫蜈蚣坡，这座坟现在还在那里。修完坟后王阳明写了一篇文章，这篇文章是中国古代三大祭文之一，后来被收录进《古文观止》。王阳明此时的心情糟糕透了，用内忧外患来形容一点也不为过。外患是语言不通，瘴气弥漫，甚至连住的地方都没有。驿站的草房早就倒塌了，好不容易找到一个小石洞，但只够两个人栖身。内忧就是他自己心情极度的沮丧，自己11岁时立下的鸿鹄之志找不到实现的方向和道路。这个念头还在他的大脑萦绕："我到底是佛，还是圣，是死是活，干脆听天由命。"他把住的洞（石窝）比喻成一口棺材，睡在上面等死。脑子一边想着八个字："圣人处此，更有何道？"想着想着，他就睡着了。在似睡非睡中，深更半夜时，他做了一个梦，梦中有人对他说："圣人之道，吾性自足。向之求理于事物者，误也。""圣人之道，吾性自足"，是指成圣之道在自己的心中是自满自足的，不必在外面找来找去的呢！把目光收回来，回到本心，成圣的道路就在你的心中，只要心中挺立了方向，世间的一切都不在话下。"向之求理于事物者，误也。"其中"之"是个代词，向外间的事物寻求成圣的道理是错误的，是徒劳的。他一下子就醒悟了，他想，在梦中和他对话的人应该是孔子。为什么呢？因为做梦跟哲学有联系。历史上周公是很早的圣人，他经常做梦，梦见尧、舜、禹。后来孔子也爱做梦，经常梦到周公。孟子爱做梦，经常梦见孔子。所以王阳明梦见的肯定是孔子或者孟子。

就是这句"圣人之道，吾性自足，向之求理于事物者，误也"是他的大觉悟，他大声疾呼："我找到了，我找到了立志成圣的方向和道路！"这就是历史上著名的龙场悟道。王阳明的心学思想从此开始了它的构建过程，历史上的心学也就此走向成熟的形态。所以龙场悟道具有非常重要的意义，至少有三层意义：

第一层意义，就个体生命来说，王阳明的生命得到了拯救，从之前极端消极的心态向积极的心态成功转化。来贵州时，他一本书都没有带，通过靠先前背诵四书五经的记忆证明自己昨天梦到的东西，觉得莫不吻合，于是给自己睡的石洞取名叫"玩易窝"。从"石棺材"到"玩易窝"，心态发生了很大转变。什么叫玩易？就是把《易经》玩于股掌之上。对于《易经》的把握有三种不同的境界，一是学易，学习《易经》；二是研易，研究《易经》；三是玩易，只有通过学习易并研究透易了，之后才能玩易。说明了王阳明对于《易》的境界非同一般。

第二层意义是从整体上来说，中国思想史上，心学一派成功地走向成熟的形态。中国哲学，在古代分为不同流派，儒、道、释是三大流派，而儒家学派又分为不同的学派，孔子是仁学，到了宋明以后，分为理学派、气学派、心学派。心学的最早源头是孔子。孔子周游列国十四年后回到鲁国修诗书、定礼乐，诗就是《诗经》，书就是《尚书》。《尚书·大禹谟》中有十六个字：人心惟危，道心惟微，惟精惟一，允执厥中。这就是心学流派的最早源头。东汉时，佛教传入我国，汉末道教兴起，佛教和道教分别对心学的发展提供了许多资源。特别是到了唐代，唐代禅宗六祖慧能和尚有一日来到广州的南华寺，看见两个和尚正在讨论一个问题：庙堂有个大旗杆，旗杆上有一个旗幡，哗啦哗啦在动。一个和尚说是风在动，另一个和尚说是幡在动。慧能走过去说："既不是风动，也不是幡动，是尔等心动。"到了南宋，心学一派大家陆九渊和朱熹争论，一个是理学派，一个是心学派。在公元 1173 年，也就是南宋淳熙二年，他们两个受到史学家吕祖谦之邀，到江西上饶信州铅山鹅湖寺展开辩论。这场辩论会是中国历史上最著名的一场辩论会，被称为"鹅湖之辩"。朱熹和陆九渊就"尊德行"与"道问学"孰先孰后，"太极"与"无极"的关系两大问题进行了讨论。陆九渊提出"四方上下曰宇，往古来今曰宙，宇宙便是吾心，吾心即是宇宙"。但王阳明觉得陆九渊的"心"学略显"粗"些。明清之际思想家黄宗羲，总结了明朝以来心学的发展历程，认为陆九渊之后，有明之学，至白沙始入精微……至阳明而后大。白沙就是江门心学家陈献章，心学开始走向精细、微妙，王阳明使心学得到发扬光大，这个发扬光大的起点就在贵州的龙场，就是龙场悟道。

第三层意义，人胸中各有个圣人，只自信不及，都自埋倒了。他多年以后提出良知这个概念，良知是所有人都具有的本心，是与生俱来的，只不过一些人生下来后受到环境的影响变坏，但只要通过教化，是可以改恶从善的。他的这个思想，在龙场时所作《象祠记》中作了强调。尧、舜、禹时代，尧是帝后，儿子丹朱不争气又傲气，尧不想把帝位传给儿子，而把帝位禅让给舜，还把两个女儿嫁给舜。临死前把财产、茅草屋、农具、一头牛、两头猪等都给了舜。舜的母亲早逝，父亲瞽叟娶了后娘，后娘生了一个弟弟叫象。舜和象是同父异母的两兄弟，但德行完全不一样。父亲瞽非常溺爱象，对舜不好。一天父亲对舜说："我们的屋子漏雨了，你能不能上去捡一下茅草，把漏雨的地方补一下？"给他一架梯子，舜沿着梯子上屋顶补洞。这时瞽叟和象在下面放火烧房子，大火把茅草烧没了。一会儿舜从后面走出来，抱着一个大斗笠。着火时他拿着斗笠跳了下来，对父亲说："您不要担惊受怕，我没有受伤，也没有被烧死，跳下来的时候也很安全，我怕你们担心，赶紧过来说一声。"这个故事反映了善与恶之间的反差之大。过了几天，瞽叟和象又对舜说："我们井边的石头有点松动，你能不能把它们加固一下？大家打水就方便了。"舜去井边垒石头，正在这时不知是谁把他推了下去，还把周围的石头往井里扔。不一会儿，舜就从另一个井口出来了，来到他们身边说："我怕你们担惊受怕，赶快过来跟你们说，我挖这口井的时候，又挖了一个横道，通往那口井。我掉下来时看到井上的石头马上就掉下来，我赶紧从这个横道走到那口井，怕你们担心，所以赶快来告诉你们。"其实舜也知道弟弟非常可恶，但是他没有去一味教训他，只是想用自己的行动感化他。想到弟弟整天游手好闲，成天惦记那点家产，干脆给他安排一个工作，让他去有界（道县）做地方官。道县就是今天湖南的道州，这个地方少数民族聚居，象在地方上做了一些好事，死后，道县的苗族人给他立了祠堂，名叫象祠，说明象后来改恶从善了。到了唐代，一个官员被分派到道州做刺史，发现了此地的象祠，与《尚书》里记载象是一个作恶多端的人不相符，就把象祠给拆掉了。到了明代，几次大迁徙，这些苗族人迁徙到了贵州等地，他们对当地土司提出修象祠，来祭祀象，因为他们的祖先都是一代代传下来祭祀象的。于是，他们过了六广河大桥来到素朴镇，在灵博山上修了一座庙，就叫作象祠。土司安宣慰请王阳明给象祠写一个记，王阳明就写了《象祠记》，并作结论：人心是可以向善的，任何一个恶人本来是有良知的，只是后来因受诱惑变坏了，但通过教化、感化又可以改恶从善。正所谓：天下无不可化之人。天下没有哪个人不可以通过教化感化转化为一个真正的人。

王阳明在龙场开办了龙岗书院，教授人们他领悟的道理。给书院写了八个字的校训：励志、勤学、改过、责善。王阳明从龙场悟道到提出"天地万物一体之仁"，发展到今天就是习近平主席说的人类命运共同体。人类命运共同体中"体"的根本就是"一体之仁"，所以天下就成了一家，中国才成为一个整体的人，天下人才成为一个共同体。

说到知行合一，王阳明说知是行的主意，行是知的功夫；知是行之始，行是知之成。只说一个知，已自有行在；只说一个行，已自有知在。一念发动即行。一念发动处是恶，就立即把它克倒，需要彻根彻底，不留半点在心中；一念发动是善，就要去行善，仅仅发动善念不能叫知，必须去行善了，才是知行合一。"知行合一"还谈道：君子之道，出为处乐。处则有所乐，出则有所为。王阳明是一个知行合一的人，国家不用我时我是快乐的，国家需要我时我就要有所作为。

第三个问题：知行合一的光辉典范

王阳明终于等到了有所作为的时候。他提出知行合一理论，就是要亲身去体验其中蕴含的道理，去实践。讲学授徒是他最擅长的实践，也是他最喜爱的职业，他一生最喜爱的就是讲学。讲学授徒可以把自己的思想传授出去，一个真正的学者应该有自己的思想，王阳明就是有自己思想的人。他把自己的思想传给诸生、传给社会、传给天下。他在贵州、湖南、江西、北京、安徽、南京、浙江、广西等地到处讲学，到处都有他的学生，其学生数量已超过孔子。孔子弟子三千，达者七十二人。王阳明的弟子远远不止这个数，他走到哪里都有他的学生。一次他在安徽滁州讲学，上千学生前来聆听。晚年在家乡讲学，父亲就在绍兴买了房子，称为王府。王府里有个湖叫作碧霞池，八月十五中秋这一天，几百个学生围着碧霞池，摆成长桌宴，喝酒、吃月饼，大家投壶聚算吟诗作对。当月亮正悬挂高空时，王阳明写了诗歌《月夜》。

月夜二首

其一

万里中秋月正晴，四山云霭忽然生。

须臾浊雾随风散，依旧青天此月明。

肯信良知原不昧，从他外物岂能撄！

老夫今夜狂歌发，化作钧天满太清。

其二

处处中秋此月明，不知何处亦群英？

须怜绝学经千载，莫负男儿过一生！

影响尚疑朱仲晦，支离羞作郑康成。

铿然舍瑟春风里，点也虽狂得我情。

王阳明在治国理政方面不仅有自己的一套思想，更有大量的亲身实践。从 28 岁中了进士后，他在政府机构、基层组织、偏僻乡村，都有所作为，有一系列经验总结。他的一生中，亲自经历和指挥了三次大规模的军事斗争，全部取得辉煌的战绩。第一次军事斗争是在南赣汀漳剿匪。地方官对为患多年的匪徒毫无办法，而王阳明仅用短短两年时间，就将盘踞四省数座山头的匪患平息。1518 年 4 月，班师回到指挥中心赣州，马上开展讲学传道活动，建立了濂溪书院和周边多所学校。第二次是平定宁王叛乱。宁王名朱宸濠，住在南昌，是朱元璋第十七个儿子的第五代后人。朱元璋临死前把皇位传给皇太孙朱允炆（建文帝），把儿子们都分封到各地做藩王。朱允炆的治国能力较差，全靠身边的谋士。且疑心重，怀疑叔叔觊觎他的皇位，听信身边谋士方孝孺的谗言提出削藩。朱允炆把前两个叔叔削掉了藩王，四叔朱棣（燕王）是一个非常聪明能干、有宏图大志的人，他为了免遭削藩，认为先下手为强，发起了"靖难之役"。从北京率兵攻打南京，建文帝朱允炆出逃而不知所踪。朱棣登基后改年号为"永乐"，即永乐大帝，他的上位使中华一时得到振兴。他开疆扩土，使中国的版图增大；为使文化得到复兴，组织编纂《永乐大典》；为使经济复兴，他派郑和七次下西洋。我们今天的"一带一路"、海上丝绸之路就是永乐大帝派郑和开辟而得来的。陆上丝绸之路是汉代汉武帝派张骞开辟而得来的。朱棣把都城从南京迁到北京，建了故宫。他发现兄弟当中最能干的十七弟朱权离他太近，于是就把朱权调到云南。并提出没有皇帝的命令，所有藩王不得踏入京城半步。朱权带着家眷南下，到了江西被风景所吸引，向朱棣申请留在此地。朱棣同意了，但要求他削减护军，从之前的五万人削减到五百人。朱权第五代孙朱宸濠，在正德十四年（1519）起兵十万造反。起兵前，他花重金收买皇帝身边的人，收兵扩军、招贤纳士，并招募王阳明给他儿子当老师。王阳明走到半路感觉情况不对："宁王应该要叛乱，如果我不跟从他，就要被他杀掉。"他派信使前去禀报说要回去拿官印，从吉安返回赣州，派学生冀元亨代替他，去给朱宸濠的儿子当老师。平叛结束后，冀元亨从监狱出来没几天就去世了。

王阳明正准备回浙江看望祖母，祖母从小对他非常溺爱。母亲在他13岁时去世，父亲一直在北京读书做官，爷爷奶奶一手将他带大。当听说奶奶生病了，他就马不停蹄赶回去看望已经九十高龄的奶奶。在江西和福建的交界处有一个城叫丰城，听当地的县令说前一天南昌发生了叛乱，已经带领十万大军北上。王阳明一听，义无反顾回到吉安开始招兵买马剿灭乱党。通过平定叛乱，他明白了"破山中贼易，破心中贼难"的道理，这个贼就是我们说的欲望。

在浙江的六年，是他最幸福最快乐的六年。为什么呢？这六年他的学生数量达到了顶峰，家里的房子住不下了，周围的寺庙都住得满满的。正在这时，朝廷又下令让他去广西平定少数民族叛乱，王阳明一纸上书拒绝。第二个诏令又下达了，任命他为南京兵部尚书兼两广巡抚，他还是拒绝了。第三道圣旨又下，这个时候不得不去了，大明律令规定，三旨不去满门抄斩，他只好带上病躯踏上了不归之路。来到广西后，他仍然以攻心为上，不费一兵一卒平定了叛乱，感动了少数民族首领。然后又率官兵十万，与少数民族首领的部队合兵一处，去剿灭八寨、断藤峡等处的土匪，仗打得非常惨烈。那是1528年的夏天，广西气候非常炎热，到了晚上王阳明因为积劳成疾开始吐血。他不仅要带兵打仗，还要治理地方。地方民不聊生，亟待解困。如今广西的很多县，都是当时王阳明所奏请设立的。除了治理地方，他还要教学授徒传道，他在南宁办了敷文书院。他把指挥中心设在广东和广西的交界处——梧州，这样就可以兼顾两地。天气越来越热，他的病也越来越严重。他感觉大限将至，于是给皇帝上书请求回到老家。一边上书，一边赶路。第一封上书没有回应，接着第二封也无回应，他停留在韶关与南雄之间多日。为什么不接着赶路呢？因为再往前走就将走出广东边界，那就会被扣上一顶擅离职守的帽子。他不愿意背这样的罪名，所以在此徘徊了一个多礼拜。他利用这段时间到了广州东面的增城，去拜访老友湛甘泉。但湛甘泉不在家，其儿子接待了王阳明。这时的王阳明已垂垂老矣，疾病缠身。他在老友的住宅留下一首诗——《书泉翁壁》：

我祖死国事，肇禋在增城。

荒祠幸新复，适来奉初蒸。

亦有兄弟好，念言思一寻。

苍苍兼葭色，宛隔环瀛深。

入门散图史，想见抱膝吟。

贤郎敬父执，僮仆意相亲。

病躯不遑宿，留诗慰懃勤。

落落千百载，人生几知音？

道通著形迹，期无负初心。

这首诗表达了王阳明与湛甘泉的友情，也成了王阳明的绝笔。第三封乞休书的回音迟迟没有等来，此时的王阳明已经进入了深度昏迷的状态，只好在学生的搀扶下翻过南岭的主峰大庾岭，来到了江西最南边的大余县。农历的1528年10月29日（公元1529年1月9日）清晨，王阳明出现回光返照，他微微睁开眼睛，学生们问他有什么话要留下。王阳明只说了八个字：此心光明，亦复何言。我的心是光明的，没有什么可说的了。于是瞑目而逝。王阳明给我们留下了非常宝贵的财富，他提出致良知，用自己的一生去践行圣人之道，成为知行合一的光辉典范。

录音稿整理：2019 级特殊教育 3 班　范　盈
2019 级早期教育 3 班　林叶蓉

作者简介　　**王晓昕**，贵阳学院教授、贵州省省管专家、贵州省高校教学名师、贵州省高校学术技术带头人、贵州省高校优秀教学团队带头人、贵州省阳明学学会会长、中国（修文）阳明文化园顾问、贵州阳明文化研究院副院长，长期从事中国哲学史、中国思想史的教学与研究，主攻阳明学。常年在高校、学术会议、机关、企事业、孔学堂、党校、团校、社区等地讲学，受到普遍好评。

王教授承担国家级科研项目三项：1. 国家社科规划项目一项：《明代黔中王门及其思想研究》（2010，已结项）；2. 国家古籍整理委员会重大项目（与中华书局合作）"理学丛书十五种"之《王文成公全书》整理（2012，已结项）；3. 国家社科重大委托项目《阳明文化与现代国家治理》之子课题《阳明文化与法制建设》。贵州省省长资金项目两项；地厅级项目十余项。

出版专著十五部，其中由中国最权威出版机构"中华书局"出版五部：1.《阳明先生集要》（70 万字，2008 年）；2.《王阳明与阳明文化》（11 万字，2011 年）；3.《王文成公全书》（110 万字，2015 年）；4.《王阳明集》（110 万字，2016 年）；5.《传习录》（线装，20 万字，2016 年）。发表学术论文 100 余篇。

学生课后感文章选录——

学习先贤，悟修身之道

2017 级卓越实验班　杨　娆

王阳明原名王守仁，自号阳明子，学者称之为阳明先生，亦称王阳明。他是明代著名的思想家、文学家、哲学家和军事家，陆王心学之集大成者，精通儒家、道家、佛家。本次"红枫湖·百家讲坛"王晓昕教授讲述了《知行合一的光辉典范——王阳明》，王教授用朴实的话语让我们了解到王阳明这个人。他以讲述王阳明生平经历的形式将他一生的辉煌经历和心路历程呈现给我们，让我们切实感受到了"知行合一"强大的力量，从中找到人生的方向，找到了获得幸福的途径。

王阳明从小怀有异志，并能吐出经典名句。周恩来总理曾立下"为中华之崛起而读书"的大志，而五百多年前的王阳明却立下"读书是为了成为圣贤人"的宏伟志向。潜心于诗文辞赋的研究，为后世留下许多经典的著作。

任何一个优秀人士的成长都不会一帆风顺，王阳明也是如此。王阳明的一生可以说是非常曲折的。他经历了当众廷杖的奇耻、下狱待死的恐惧、流放荒蛮之地的绝望、瘟疫肆虐的危险、荒山野岭的孤寂、无人问津的落寞，直至悟道后的狂喜、得道后的平静。他所经历的挫折和坎坷给他积累了宝贵的精神财富，促使他悟道。王阳明的心学之所以能够万世流传，让人拜读后回味无穷，是因为他遇到任何挫折和困苦，都敢于坚持自己的观点，他在艰难困苦的生活中，内心依然平静，从而深思熟虑，总结经验。

王阳明在被贬谪到龙场驿时，那里虫蛇众多、瘴气横行，人们过着原始人的生活。他在艰苦流放时期沉静苦思，悟出了"人要做自己主人"的道理。人是没有能力改变外部环境的，只能适应环境。这告诉我们一个人生哲理：不经风雨，怎么见彩虹；逆境使人成长，让人成熟。

我们的学习及以后的工作又何尝不是如此呢？或许我们有离家远、上夜班、不公平、杂事多、工作辛苦等种种抱怨，但是这些是我们短期内能改变的吗？我们能做的就是转变心态，改进工作方式方法。当我们以积极的心态面对工作时，就会发现之前的那些抱怨多么可笑。这就是王阳明心学的一部分，教会我们感谢逆境，顺应逆境，在逆境中成长悟道。

王阳明能够剿匪成功，靠的不仅是他卓越的军事才能，更是他非凡的攻心术。他的悟道教会我们，每天要对自己的所作所为反思。今天的工作干得怎么样？待人接物上有没有不妥？谈吐言语有没有不到位？用这些问题反问自己，所谓"吾日三省吾身"。在学习中做一个有心人，时时处处留心，那我们必然会不断进步，必然会取得成功。

王阳明说过：良知在人，永远不可能消失，即使是盗贼，你喊他贼，他也不爱听，这就是良知永远存在的根由。那些不肯致良知的人，只是良知被物欲所遮蔽，并不是他没有良知了。在这儿我联想到我们学习中管理的问题，我们的每个学生对学习都是有"良知"的，即使学习上不太努力的学生，我相信在他内心深处还是想把学习课业干好，想干出点成绩来，向老师、家人证明自己的价值。作为学生，如何唤醒自己的"良知"，如何激发自己对学习的热情，就需要利用心学的理论来引导了。

王阳明的心学用现在的话来说，就是理论联系实际。在新事物、新思潮层出不穷的当代社会，我们要用心学来武装自己，要淡定处理身边的每件事。首先是知，有了"知"做理论基础，做起事情来才有理有据，安排起学习计划来才会目的明确，思路清晰。其次是"行"，要多下功夫，凡事问一个为什么，多掌握学习的思维思想动态。实践出真知，充分用学过的理论去支撑实践。最后是"合"，要善于思考、勤于琢磨打好专业知识基础，要把认知和实践活动有机地统一起来，用理论指导实践，用实践升华理论。在"知行合一"的过程中，不断提升自我专业水平的管理。

有好多人认为王阳明的心学是高大上的理论，是"故弄玄虚"的学术哲学，与自己的日常生活和工作关系不大。但是我们听了这次讲座后才发现，心学就是我们生存于世的工具。在我们做人做事中，心学的应用太广泛了。学以致用，就是我本次所感悟到的并要加以实施的终极目标。如果心学是圣贤功夫，那么知行合一则是俗世智慧。知行合一并非得自顿悟，而是在磨难中不断反思、修炼，最终砥砺出的生命境界。

王阳明一生跌宕起伏，有过少年天才得志，也有过官场为奸臣所害，更有龙场悟道与平定宁王之乱。更重要的是他将所行所悟，发扬光大，在他之后的明代内阁首辅，大部分都受到了心学的影响。他的人生关键词可以总结为：阳明格竹、龙场悟道、宁王之乱、创立心学。从人生轨迹和成就上来看，他是第一个实现立功、立言、立德的三不朽的神人。

心学的核心思想是心即是理，反对格物致知，提倡知行合一，是关注于自己的内心，即使做个狂人，不是更贴近本心？这些观点及处世方式都深得人心。慢慢地学会贴近自己的本心，而不是以他人的眼光，定义自己的行为。

总的来说，王阳明就是一个不断提升自我的奇才，少而聪颖，兴趣广泛。爱好军事、佛教、道教、诗文……有理想，有抱负，有能力，敢实践。凭借自己的才智建功立业，融合儒、佛、道三家学说，参透世事，创立心学，不枉此生。

王阳明是一个简单而不平凡的人，而他的精神更值得我们学习。我们学会的不是他的哲学篇章，古典著作，而是处世之道、生活之道及修身之道。

知行合一，益己益人

2016 级学前教育 23 班　池江兰

2018 年 6 月 1 日，王晓昕教授主讲的"知识合一的光辉典范——王阳明"讲座让我受益匪浅。他说，"知"即道德良知，"行"即道德实践；"知"与"行"的关系，就是认识与实践的关系。

王教授讲述了王阳明一生的传奇故事。自古以来，凡欲做大事者必先立志，志不坚则事难成。这是因为，一个人的理想，体现着这个人的眼界和胸襟，自然也决定了他日后的高度。所以，人不应隅居于自己的狭小天地之中，而眼睛应望向大千世界，心中装上天下苍生，站在一个更高的层次去看待世间。

王阳明从小就立有异志。王阳明的异志从他小时就已发端，随口就是名诗古词。他的祖父十分诧异，心想我从未教过他，为何他却能吟诗作赋。到了京城后的一天，王阳明问私塾先生"什么是人生第一等要事？"先生回答："当然是读书做官了。"王阳明不信，说："我看能称为人生第一等大事，读书做圣人也。"他的父亲龙山公听说此事笑说："难道你要做圣人？"由此，可看出王阳明从小就有异志，并按这志向不停地探索着。虽然王阳明的文章之名遍传京城，但是在京城举办的会试中，辞章功夫很好的王阳明却落榜了。同住的考生都对落榜感到羞愧难耐，王阳明安慰道："世人以不中为耻，而我是以不中而动心为耻"。

王阳明的知行合一，鼓励人们按照自己的意愿行事，而没有划出一个道德底线。对于心智尚未健全的人而言，很容易造成误解，认为自己想干什么，就可以干什么，以至于对"是非曲直、善恶对错"缺乏基本判断而误入歧途。王阳明提出"知行合一"，一是为了"解放思想"，让人们不拘泥于繁文缛节当中，可以按照自己的良知行事，按照自己的意愿生活。二是认为，所做之事应该对他人、对社会、对国家是有益的，而不能"随心所欲，为所欲为"。

"知行合一"归根结底，会变成另外四个字——"自知之明"。一个人，知道什么是对，什么是错，什么是善，什么是恶，哪些事情可以做，哪些事情不能做，好的东西，一以贯之。不好的东西，坚决摒弃。也就是"择其善者而从之，其不善者而改之"，最后一定会成就一个更好的自己。

王教授强调习近平总书记也经常提到王阳明的知行合一，这对我们今后的发展起很大作用，所以我们每个人都应该做到心态平和，所谓"非淡泊无以明志，非宁静无以致远"。当代大学生应用平和、淡泊、知足的心态对待名、利、位、权，用宽容、珍惜、感恩的心态对待事业、朋友、亲人，不为私心杂念所扰、不为个人名利所累，保持内心的执着和坚定。阳明学的知行合一不仅是一种哲学，更是一种内心的坚守，是理想、信念、精神、意志的基石。我们新一代也必须要做到知行合一，同时这也是我们肩上的任务。

听了这一期讲座让我更加明白了，做什么事跟着自己的心来，想做什么就大胆去做。"做自己所爱的事，爱自己所做的事。"知行合一，益己益人。

红枫湖·百家讲坛

▽

第二十七期

清诗三百年·王气在夜郎

罗宏梅

各位同学，大家中午好！

这是我第一次来到幼专，环境非常干净、整洁、漂亮，这是一个有温度的讲坛。一个学校能够长期宣讲传统文化、地方文化，我认为这是一件非常好的事，而且今天看到这么多同学来听讲座，我真的很吃惊。我希望通过这个有温度的讲坛，我能够给同学们带来一场有温度的讲座。我今天讲的郑珍，不知道对这个人大家以前听说过吗？有遵义的吗？有遵义新舟的吗？如果都不知道，看来非常有必要讲一讲，不知道也不怪大家，咱们的地方文化、地域诗人还有待进一步去挖掘，进一步去宣扬他们，去传播他们的思想，去宣讲他们的文化。

现在咱们贵州，包括国内慢慢地越来越多的人认识到了郑珍以及郑珍诗歌的重要性，所以今天我想带大家认识一下郑珍。

我们先来了解一下这个人，然后尝试去读他的诗集，感知郑珍诗歌的无穷魅力。

一、郑珍——贵州的骄傲

我们真的要旗帜鲜明地说郑珍是咱们贵州的骄傲。俗话说，贵州文化在黔北，黔北文化在沙滩。沙滩文化是遵义文化的象征，沙滩文化的三个代表人物，我刚才问了一下咱们图书馆的馆长，前面已经有老师来讲过两个了。你们知道沙滩文化的三个代表人物是哪三个吗？是郑珍、莫友芝和黎庶昌，今天我讲的代表人物是郑珍。

郑珍（1806—1864），字子尹，晚号柴翁，别号五尺道人，且同亭长，自署子午山孩、巢经巢主、小礼堂主人。

郑珍是清代著名的经学家、文字学家、史学家、文学家，郑珍的经学著作有七种，已刊行的有《巢经巢经说》《仪礼私笺》《考工轮舆私笺》《凫氏为钟图说》《亲属记》；未刊书稿有《深衣考》和《辑〈论语〉三十七家注》，均遗失。郑珍在文字学方面的成就比经学大，影响也较深。专著有多种，已刊行的有《说文逸字》《说文新附考》《汗简笺正》，已定书稿有《说隶》《补钱氏经典文字考异》，未定书稿有《说文大旨》《转注本义》《说文谐声》《释名证读》，这些书稿全都散失。

郑珍和莫友芝两人耗时几年一起编撰的《遵义府志》，直到今天做遵义历史研究的人谁也离不开这本书。《遵义府志》被梁启超先生称为"天下府志第一"。

郑珍虽着力于经学与小学研究，但其影响最大者，尤在于诗歌。最主要的代表作为《巢经巢诗钞》。共收录九百多首诗。前人对其评价甚高：

汪辟疆："古今十二大诗人。"

陈柱："元明清三代之冠。"

胡先骕："有清一代冠冕"，"除李、杜、苏、黄外，鲜有能远驾乎其上者。"

钱仲联："清代第一，不独清代，即遗山、道园亦当让出一头地。……子尹诗，才气功力，俱不在东坡之下"，"清诗三百年，王气在夜郎。"

如此重要的诗人、如此重要的诗作为什么我们都不熟悉？

其一，社会认可度是文学史对作家作品评价的前提。如上所述，由于语境与诗境的根本性变革，郑珍诗作鲜活而亮丽、神奇而瑰美的特征并未得到世人的赏识，长期以来其影响仅局限于少数文人圈内，其社会认可度自然不高，与此形成鲜明对比的是诗界革命及后期的南社，其艺术成就虽比不上宋诗派，但龚自珍、黄遵宪等却名震一时。

其二，作家与作品的研究是文学史评价的基础。就 1949 年前、20 世纪 80 年代前和 80 年代后三个阶段的研究看，前期仅限于郑珍生前好友、亲人以及少数文人，且文章寥寥，中期则由于政治风气影响，不仅几乎没有研究文章，还作为被批判的对象，后期虽出现了较强劲的研究势头，但总体看仍处于起步探索的阶段，且不说文学史的评价有自我的惯性趋向，如此的研究状况，实在难以让文学史写作者作出较大改变的评价。

其三，郑珍及其《巢经巢诗钞》是被新诗遮蔽的文学现象。此类现象是文学史研究的一个盲点，事实上郑珍及其《巢经巢诗钞》通常被视作清诗或近代诗歌中的一个普遍现象。1949 年后的文学史在进步与反动的思维下，更多关注的是近代诗歌中蕴含新思想的一类，忽视了清诗的时代特征及在中国诗史上的地位，忽视了宋诗派在清诗中的地位和作用，忽视了作为宋诗派主将的郑珍在其中所起的作用。

近三十年来，在郑珍的研究上有三点引人注目：

一是形成了一支以贵州本土研究者为主的相对稳定的研究队伍。其中有的是专家学者，有的是郑珍作品的爱好者。

二是郑珍研究已引起海内外关注。国外汉学家施吉瑞（Jerry Schmidt）先生是加拿大英属哥伦比亚大学亚洲中心教授，他曾到遵义三次，笔者曾与之会面，他说他正在着手翻译出版郑珍诗集。他从西方学人的角度认为，郑珍是清代宋诗派文人、经学家、努力求真之人，他的求真精神与西方的科学精神相通。他认为郑珍是中国近代的代表人物："要了解中国近代史，就必须研究郑珍。"他对其诗作的评价非常高，称之为清诗第一人，其成就可与杜甫媲美，他觉得十分遗憾的是西方至今不了解郑珍，只有其短诗三四首。

三是近年有与研究郑珍相关的学术机构出现。在郑珍家乡遵义，1991 年成立了"贵州省郑（郑珍）莫（莫友芝）黎（黎庶昌）研究会"，该会成立后已召开过十数次学术研讨会，其中有几次是国内近代文学的盛会，中国社科院文学所和各高等院校知名专家学者云集，为深入研究郑珍提供了平台。

二、郑珍其人

郑珍的儒学底蕴和性格养成的四大因素。

1. 祖父、父亲的教诲与督学

郑珍家族非遵义土著，其先世为江西吉水人，七世祖郑宜显于明万历年间随刘铤均入播州平乱，后留水烟田屯垦住防，后代子孙留居遵义。

郑珍祖父名仲侨，字学山，潜龙诸生。研读各种医书，广受传世良方，其治病能药到病除，医名大著，家道因之富裕。为人慷慨，临终时取出约万两白银的贷券烧掉，对儿子说："子孙才，能自食；不才，滋害人耳。"足见其见地与作为。

郑父文清，终身布衣，精于医道，凡求医者，无论贫富，只一壶酒，不另取酬金。为人诚朴刚直，待人和气，秉承其父遗风，俭约、淡泊自守的家风对郑珍思想品格的形成影响颇深。

郑珍五六岁时祖父便教他读书识字，父亲课督也颇严。八岁时，父亲领着他和表兄黎兆勋去山东长山探望在那里任知县的外祖父，走到河南朱仙镇，遇李文成在滑县起义。朱仙镇离滑县不远，居民打扮逃散，郑氏父子滞留旅店。郑父每日督促两小孩儿课读，守店老头很不理解，说："生死未可知，何苦尔！"郑父答曰："如当死，不读书不死耶？如不死，徒澜浪奚为也！"住了几个月，起义军败，局势渐缓，郑珍也读完了整本《毛诗》。

2. 母亲的关爱和督促

如果说郑珍祖父、父亲对郑珍的教诲与督学令人感叹，那么，郑珍母亲对其学习的关爱和督促则不能不让人由衷地感动。郑珍的母亲是黎安理（号静圃）第三女。一方面由于黎安理早年家境贫苦，因而郑珍的母亲养成了勤劳俭朴的品德；另一方面由于她毕竟是出身"书香门第"，因而受封建礼教习染，一生恪守"妇道"，对子女的教育非常重视。郑珍的品德情操，受母亲影响极深。母亲对他的学业尤为关切，用种种办法激励他勤学苦读。在《题新昌俞秋农先生书声刀尺图》

中郑珍描绘了母亲"劝学"的情景：

> 黄鸡屋角叫，今日又生子。
>
> 速读去拾来，饭时吾尔饲。
>
> 种余有瓮底，包余有床里。
>
> 速读去探来，全家吾爱尔。
>
> 姊妹不解事，恼尔读书子。
>
> 速读持筥来，从我取蔬水。
>
> 有蔬苦无盐，有水复无米。
>
> 速读持舂米，饭团先搦与。

四个"速读"将母亲对自己的溺爱，以及巴望自己好好读书的殷殷之情跃然纸上。

十一岁时，为送郑珍入私塾，郑母变卖了自己的首饰。这以后入学的费用，主要是靠母亲纺纱、种植的收入来支付的。《母教录》中还谈到，郑珍幼时一次从塾馆回家，母亲首先要他去种豆，然后要他读书。郑珍以无处读回答。母亲说道："书何处不可读！或树下，或檐角，皆可。必须明窗净几又无一事才开得口、用得心，汝无此福！真读书亦不如此。"

郑珍在《题黔西孝廉史蘧洲秋灯画荻图》（前集卷五）一诗中，描绘了母亲一边纺纱，一边督促他挑灯夜诵的动人情景：

> 平生我亦顽钝儿，家贫读书仰母慈。
>
> 看此寒灯照秋卷，却忆当年庭下时。

虫声满地月上牖，纺车鸣露经在手。

以我三句两句书，累母四更五更守。

在母亲的关爱和严格的督促下，郑珍从小磨砺了刻苦向学的毅力和奋发向上的精神。

3. 私塾及学校的教化与影响

郑珍一生仅入过两次学，一次是十一岁时，被送入私塾，拜一位姓张的先生为蒙师；另一次是十二岁时，被送到遵义湘川书院读书。书院在老城东门外，是遵义最高学府。在私塾学习的情况不详。遵义湘川书院读书时期对郑珍的影响有三个方面：

一是较全面地接触了黔北的地域文化。如果说在乡下，童年的郑珍耳濡目染的主要是黔北地域的风土人情，那么在当时的遵义府，呈现在郑珍面前的则是千百年来地域文化厚重而多彩的积淀。城垣依山傍水，沿着山梁蜿蜒起伏，风光壮丽，周围古柏丛林、景色幽丽迷人；人群熙攘、店铺比邻相接，物品繁多而光鲜亮丽，对长期寓居乡下的少年来说，一切都感觉新奇。

二是自由顽皮的天性得以发挥。郑珍与同学为伍，读书和嬉游其间，十分活泼开朗。他有时在桥下戏水，有时还去抓金红色的鲤鱼，有时摸进寺庙偷摘花朵。寺僧到书院那里告状，但学官把郑珍视为"神童"，十分娇宠，并不责罚。

三是开始接触文化名人和更广泛的书籍。书院讲席是江西人李腾华，他是一位颇有名望的学者，对郑珍非常喜爱。在这里郑珍读了不少书，有诗歌，也有《史记》《汉书》之类的史籍，在《埋书》中他写道："十二学庾鲍，十三闻《史》《汉》。"其学习涉猎范围在逐步扩展。可惜的是如此好的读书生活，只持续了一年多，大概由于家庭经济拮据，第二年秋便退学回家了。

4. 黎氏家族的教导与濡染

郑珍十四岁时随父母迁居到乐安里。迁居缘由是天旺里一带社会风气很不好，有成群结伙赌博的，有诈取他人财产的，有玩雀鸟的，还有三三五五游街逛市、酗酒闹事的。郑母深恐这种恶习祸及子孙，于是举家迁到外祖父家附近居住。此举使郑珍在学业上获益匪浅，体现在三个方面，

其一，受到黎氏家族治学的熏陶。

黎氏祖籍在四川广安，世代均为"书香门第"。明万历年间迁来遵义。清初，曾任明朝官员的族人或隐居不出，或削发为僧。又定下三世不应科举的族规，表现了较强的民族节操。自清乾隆至光绪百余年间，黎氏家族及其亲友中贤才辈出。郑珍的外祖父黎安理，舅父黎恂、黎恺，表兄兆勋，表弟庶焘、庶蕃、庶诚、兆熙、兆祺，表侄汝谦等，均有诗文集或学术专著传世，在全国文坛颇有影响。黎氏家族中对郑珍影响最深的是外祖父黎安理和大舅父黎恂。郑珍迁居到外祖父家附近时，外祖父黎安理已是六十九岁的老翁，郑珍持书向外祖父请业，外祖父病卧床上，仍挣扎着为他解字说经，声音洪亮。虽然外祖父很快去世了，但他的学问和坎坷身世却给郑珍留下了深刻的印象。郑珍在《检外祖黎静圃府君又稿感成》一诗中感叹："惟惜外王父，孝友发屯否。多能出少贱，此事特深至。"从外祖父的身世中，顿悟了"多能出少贱"的至理。

其二，黎氏家族的丰富藏书让郑珍的学理眼界大开。

大舅父黎恂，三十来岁便任浙江桐乡县知县，奔父丧还里，以薪

俸购书数十箱运回，在当时可说是地方上私人藏书最多的。郑珍迁到乐安里时，最初跟从二舅父黎恺读书，大舅父回来后，又跟从大舅父学习。大舅父见郑珍聪慧异常，"知非小就才，令多读古籍"，郑珍见大舅父家有如此众多的典籍，十分惊喜，于是一头埋进藏书里。"藏书数千卷，纵观古今，殚心四部，日过目数万言"（郑知同《敕授文林郎徵君显考子尹府君行述》以下简称《行述》）。郑珍在《埋书》中也说："十四学舅家，插架喜侈看，始知览八千，旧是先生贯。"学了一段时间，郑珍浅陋不足学，只广泛涉猎而无所依归也不是办法，于是重点研读程朱理学，在雪楼先生指导下"德业大进"。

其三，沙滩风光秀美的自然环境、淳朴浓厚的地方文化和民风民情陶冶了郑珍的情操。

沙滩一带，田野肥沃，翠柏成林、竹林茂盛，乐安江绕村而行，沿江两岸，有石头山、桂冈、栀子冈、琴洲、禹门寺、锁江桥等八大景。这里不仅风景秀美，民情风习尤为厚重，邻里和睦，乐诗读文。禹门山在沙滩之南约一里处，东临乐安江，绝壁十数丈，下临深潭，山顶有殿堂巍峨的古庙，即远近驰名的禹门寺。寺僧多时达百余人，香火鼎盛，晨钟暮鼓，寺内设有黎氏家塾，常有名师任教，郑珍曾在此求学。郑珍在青年时代曾替大舅父书写一副楹联悬挂古寺中，楹联内容是："天生我材必有用；神纵欲福难为功。"这副楹联可谓青年郑珍远大抱负的写照。

郑珍勤学苦读，常"时不离案，恒达旦夕，衣不解带"，进而学识日进，每成一篇，其大舅父黎恂莫不击节称奇，感叹道："昔欧阳文忠公刮目苏子瞻，有当此人出一头地之许，吾于甥亦谓然。"（《行述》）雪楼先生欣赏郑珍的才能，在郑珍18岁时将大女儿许配给了他。此时的郑珍对自己的文才充满着自信，对自己的未来怀着美好的希望。在《阿卯晬日作》（前集卷三）中，他写道："我年十七八，逸气摩空蟠。传书扫俗学，下笔如奔川。谓当立通籍，一快所欲宣。"在后来《和渊明饮酒二十首》（前集卷六）中，曾提到当年"少志横四海，夜梦负天飞"的豪气。

郑珍一生，都在科考、游幕、执教、居家与治学中度过。郑珍才气过人，但科考颇为不顺，一生共参加了9次科举考试，一次为秀才、一次是拔贡，四次乡试，三次会试，历时22年。

1. 科考：9次，22年

道光十七年秋，郑珍再赴省城贵阳，参加了第五次应试。考最末一场时，答完卷后闲着无聊，便写起诗来，题名为《完末场卷，矮屋无聊，成诗数十韵，揭晓后因续成之》（前集卷四），抒发了"厚颜"应举的苦衷：

> 我亦胡不足，而必求科名。
>
> 名成得美仕，岂遂贵此生。
>
> 十年弃制艺，汗漫窥六经。
>
> 友串亡称举，谓我手笔精。
>
> 安知公等长，真非予所能。
>
> 所以来试者，亦复有至情。
>
> 父母两忠厚，辛苦自凤嬰。
>
> 一编持授我，望我有所成。
>
> 未尽无所成，而世以此轻。

因之忘颜厚，自量非不明。

贵从老亲眼，见此娇子荣。

痴心有弋获，焉知非我丁。

第九次考试，1843年冬郑珍又赴京以应来年春试。这次比前几次运气更差，先是眼病，临考前又患疟疾，差点埋骨他乡。临考前三更过后才苏醒过来。按当时有关规定，如不参考，就要取消"火牌"驿站的待遇。无奈之下，他强撑病体，由朋友们搀扶着进考场，在号舍里睡了三天两夜，交了白卷。适逢他三十九岁生日，有感而写了六首绝句（前集卷七）。其一云：

鞯骢苍凉断鹤哀，廿年九宿试官槐。

掷将空卷出门去，王式从今不复来。

按举人"大挑"的成例，郑珍因参加过三次会试，拣选为"大挑"二等，以教职铨补，回本省候缺调用。郑珍病体康复，便驰驿南归。

2. 游幕

时间短暂，共两次。湖南、云南。前者对其创作和治学影响很大；后者则加深了他对社会和官场的认识。

3. 执教

郑珍于道光十七年（1837）31岁中举后，所任者皆是低微的学官。

郑珍第四次也是最后一次任学官是去荔波。咸丰五年（1855）夏，潘新简在荔波领导了水族起义，此时距郑珍到荔波后仅几个月，起义军打败了前去镇压的官兵。在县令蒋嘉谷生病期间，郑珍曾担负了守城的重任。

4. 居家与治学

（1）青年时期的勤耕与苦读。

由于亲身参与农耕劳作，使郑珍的思想感情与农人、农时、农事融为一体。在《闲眺》（前集卷一）一诗中，他描绘了一幅黔北地域春耕时节秧绿花黄、生机盎然、美丽、欢快的图画：

> 雨过桑麻长，晴光绿满田。
>
> 人行蚕豆外，蝶度菜花前。
>
> 台笠家家馌，比邻处处烟。
>
> 欢声同好语，针水晒秧天。

在这首诗中，作为土生土长的黔北人，郑珍已将自我的思想感情、审美情趣与黔北地域的风土人情有机地融合在一起，没有其学问诗的拗口与深奥，显得清晰而自然。

（2）中年时期的经营与著述。

（3）晚年时期的悲凉与治学。

三、郑珍诗歌赏析

郑珍诗作有四大高峰："别样"的学人之诗、地域儿女的亲情绝唱、黔山黔水造就的古典山水诗的奇葩以及堪与杜甫"诗史"媲美的哀民诗。

1. 亲情诗

母亲去世后，郑珍守丧三年，未写诗歌。他将内心深处对母亲的思念埋于心中，到道光二十二年（1842），他才开始诉之于诗笔，写了《系哀四首·桂之树》（前集卷六）：

桂之树，树在傫宅前。三株离立各合抱，一株踞右独茂圆。其后大冢京兆阡，其前壁下蒋家田。乐安溪水绕田过，清浅可厉无桥船。年年负担指南走，次次涉此求涂便。丁酉以还食于郡，八十里岁八九旋。一回别母一回送，桂之树下坐石弦。度溪越陌两不见，母归入竹儿登篨。此景何时是绝笔？十月初四己亥年。嗟嗟乎！桂之树，吾欲祝尔旦暮死，使我茫无旧迹更可怜。吾不祝尔旦暮死，使我自今抚尔长潸然。桂树止无情，永念对葱芊。

黔北乡间的桂之树记载了郑珍母子的一片深情。桂树在诗人远行时，见证了其母亲为之送行；还是这棵桂树在母亲思念儿子时承受了其深切的"指啮"。如今母亲去世，桂之树仍在。诗人借树抒情，以"吾欲祝""吾不祝"，表达自我心中复杂难言、莫可名状、肝肠大恸的痛切之情。

2. 爱情诗

沁园春

恁已伤心，莫因辗转，又为病欺。想硬心而去，不来一见，免教去后，不忍回思。算去算来，何从割断，早晚啼痕你为谁？休还泪，已睁睁见了，携手亭西。梅花满目高枝，忆我与君亲手共栽时。总朝朝暮暮，你浇我护；人今如此，问树怎知？欲说将离，肠先咽断，撒手随君判命悲。除非死，算相思尽了，但可怜伊。

3. 山水诗

地处西南云贵高原黔地的地理特征，属典型的喀斯特地貌。巍峨的群山峭壁陡立、湍急的溪流咆哮奔腾，奇幻瑰丽中见清奇险峻，仿佛天设地造、鬼斧神工所致，世所罕见。然而由于高山林立、河流险急、交通闭塞、不少地方人迹罕至，不识者谓之蛮荒之地。自古诗人鲜有入黔者，李白长流夜郎，中道遇赦，未至其地。刘禹锡被贬谪播州，旋改连州，史家称柳子厚以柳易播故实，亦未践其岛食其毛。曾以贵州山水为题材写下寥寥几篇诗文的，明有徐霞客、王阳明，清有查慎行、林则徐等。黔中诗人谢三采、周起渭等，虽为子尹所称道，然其因才力有限未足使山川生色。因而，如此世所罕见之雄奇秀丽的山水历朝历代，骚人墨客绝少吟咏，竟被诗家弃之数千年。直至清道光、咸丰年间黔籍大学者、大诗人郑珍的出现，始叩开这扇尘封的神秘之门。缪钺对郑珍的山水诗评价甚高："郑珍是第一个写贵州山水诗最多而又较好的人。他的诗刻画入微，也够得上是诗中有画。"（缪钺《读郑珍的〈巢经巢诗〉》）白敦仁评之道："子尹笔参造化，其山水之作亦绝无雷同之章。"（白敦仁《巢经巢诗钞笺注·序》）黄万机评之道："郑珍兼学各家之长，细心玩赏山水之美，把握不同特征，随物赋形，因形敷彩，或因景启情，或融情入景，描绘出神形兼备的艺术画卷，创造了奇幻多彩的艺术境界和风格。"

山水诗是中国古典诗歌的一个重要组成部分。自谢灵运奠其基，其后的诗人几无不涉猎之，郑珍的贡献有三：

一是拓宽了历代以来山水诗的题材视野，将独特而神奇的贵州山水揽入其中，即所谓"历前人未历之境"。

二是在抒写的方式上，以学人之笔状贵州山水之雄险怪异，以诗人之心绘贵州山水之幽深奇秀，达学人之诗与诗人之诗的统一，开创了山水诗奥衍又平易共在的诗风。换言之，郑珍的学者身份和诗人身份正好契合了贵州山水既雄险怪异又幽深奇秀的特征，非郑珍不能状写贵州山水之奇特，唯郑珍能描贵州山水之神奇，即所谓"状人所难状之状"。在以贵州山水为题材的古典山水诗史上，郑珍可说是前无古人、后无来者。

三是在古代山水诗史上，郑珍在继承谢灵运之绮丽、王维之幽淡、韩愈之奇崛的基础上，创造了险峭瑰奇的特色。

云门墱（前集卷七）

牢江驱白云，流入苍龙门。

门高一千仞，拄天气何尊。

荡荡百步中，水石互吐吞。

阿房广乐作，巨窑洪牛奔。

余波喷青壁，震怒不可驯。

眉水若处女，春风吹绿裙。

迎门却挽去，碧入千花村。

《白水瀑布》（前集卷三）

断岩千尺无去处，银河欲能上天去！

水仙大笑且莫莫，恰好借渠写吾乐。

九龙浴佛雪照天，五剑挂壁霜冰山。

美人乳花玉胸滑，神女佩带珠囊翻。

文章之妙避直露，自半以下成霏烟。

银虹堕影饮谼壑，天马无声下神渊。

沫尘破散汤沸鼎，潭日荡漾金熔盘。

白水瀑布信奇绝，占断黔中山水窟。

世无苏李两谪仙，江月海风谁解说？

春风吹上观瀑亭，高岩深谷恍曾经。

手把抱清泠凡耳，所不同心如白水。

这首诗无疑是山水诗史上的上乘之作。以"白水"为题可谓抓住了瀑布的特征，白茫茫一片的巨瀑从天而降，引发了诗人奇幻的想象。

辟首二句："断岩千尺无去处，银河欲能上天去！"以特写镜头展示了千尺断壁之上、银河之水奔泻而下的壮伟奇观，造语雄奇、意境旷达、气势直追李白。

接着诗人用水上仙人的笑声来比喻飞瀑的轰鸣，给全诗笼罩一层神秘而又活泼的色彩。

诗中充满了奇特的比喻。"九龙浴佛雪照天，五剑挂壁霜冰山"句，以"九龙浴佛"写瀑布银白飘空的雄浑，以"五剑挂壁"写瀑布银白逼人的寒气，尽显奇幻之美。

"美人乳花玉胸滑，神女佩带珠囊翻"句，以如美女雪白滑润的肌肤、如仙女倒翻的珠宝写纤巧绮丽的浪花，充满美丽的遐想，绘柔和细腻之美。

"天马无声下神渊。沫尘破散汤沸鼎"句，则写瀑布由天而降，浪花破散飞扬、云垂烟接、轰声如雷、震天动地、豪壮浩茫之状，状雄浑壮奇之美。

全诗动静谐和、博喻巨细相衬、想象奇绝、景象绚烂瑰丽。同样，诗人在此并非就水叙水。"文章之妙避直露，自半以下成霏烟"句，露出了郑珍学者的身份，接着便有"世无苏李两谪仙，江月海风谁解说?"的感慨，"手把抱清泠凡耳，所不同心如白水"句，则意味深长，郑珍以水洗去凡尘，深感己心若此"白水"，是自傲、自谦、自省，是忧民、忧时、忧己，唯郑珍自知。

4. 哀民诗

以"诗史"称杜甫的诗歌创作始于唐孟棨《本事诗》高逸第三："杜（甫）所赠二十韵，备叙其事，读其文，得其故迹。杜逢禄山之难，流离陇蜀，毕陈于诗，推见至隐。殆无遗事，故当时号为'诗史'。"诗源自生活，只要真实地反映社会生活，就能为史之鉴。从这个意义上讲郑珍的《巢经巢诗钞》可说是晚清的诗史。

说郑珍此类诗作可与杜甫"诗史"媲美，在其纪事之真，可堪补史之阙；其显事之深，可作察史之鉴；其用情之深，令人可歌可泣；其行文质实平易，显功力之深湛。总体看，均不在"三吏""三别"之下。此类诗中最有代表性的当是"一行一叟九哀"，即《捕豺行》《江边老叟诗》《经死哀》《南乡哀》《绅刑哀》《僧尼哀》《抽厘哀》《移民哀》《禹门哀》《哀陴》《里哀》。

《江边老叟诗》（前集卷六）是"一行一叟九哀"系列中，唯一不是以黔北为题材的诗作：

甲午骑骡宿公安，老苍缚壁芦作椽。

今来不复一家在，城门出入惟乌鸢。

戊戌驰传经屠陵，鱼虾为谷罘网耕。

今来驿徙李家口，旧道断没无人行。

下马荒塍问田叟："此邦当年翁记否？

道光丙戌八月秋，我渡江陵驱鼎州。

公安南北二百里，平田若席人烟稠。

红菱双冠稻两熟，枣赤梨甘随事足。

路旁偶憩忆当时，主人馔我不受赀。

鞠躬但道客难得，室后呱呱方洗儿。

一变萧条遽如此，羡翁稼妤为翁喜。"

太息言"从辛卯来，长江无年不为灾。

前潦未收后已溢，天意不许人力回。

君不见，壬寅松滋决七口，同禅为江大波吼。

北风三日更不休，十室登船九翻覆。

老夫无船上树末，稚子衰妻复何有！

可怜四日饥眼黑，幸有来舟能活得。

他方难去守坏基，田土虽多歉人力。

无牛代耕还自鉏，无钱买种多植蔬。

今春宿麦固云好，未省收前堤决无？

纵得丰成利能几，官吏又索连年租。

租去老夫复不饱，坐看此地成荒芜。

君自贵州入湖北，贵州多山诚福图。

任尔长江涨上天，不似吾人生理窄。

官家岁岁程堤功，而今江身与河同。

外高内下溃尤易，善防或未稽《考工》。

君看壁立两丈土，可敌万雷朝暮舂？

洪波为患尚未已，老骨究恐埋鲛宫。"

听翁此语良太苦，请翁遂止莫复语。

太平不假腐儒术，吾亦盱衡奈何许。

细雨苍茫生远悲，廿年欢悴同一时。

谁欤职恤此方者，试听《江边老叟诗》。

钱仲联先生认为此诗是《巢经巢诗钞》的押卷之作。诗人以写甲午（道光十四年）和戊戌（道光十八年）两次经公安所见的对比，控诉了官府的腐败，记录了鱼米之乡百姓的悲惨遭遇。

诗人以倒叙的手法，先叙眼前的衰败景象："老荄缚壁芦作椽。今来不复一家在，城门出入惟乌鸢。戊戌驰传经屠陵，鱼虾为谷氓网耕。今来驿徙李家口，旧道断没无人行。"然后会想起当年看到的繁荣："公安南北二百里，平田若席人烟稠。红菱双冠稻两熟，枣赤梨甘随事足。"进而追问为何有此变？江边老叟悲切诉说，水患与人祸使然。因洪水泛滥，朝廷增加租税，官家乘修筑堤坝之机，偷工减科、中饱私囊，"官家岁岁程堤功，而今江身与河同。外高内下溃尤易，善防或未稽《考工》。君看壁立两丈土，可敌万雷朝暮舂？"令人心酸不已的是，身处鱼米之乡的老叟听说诗人来自世人所知边鄙的贵州，竟说："君自贵州入湖北，贵州多山诚福图。任尔长江涨上天，不似吾人生理窄。"真人真事，真情真感，语言平易质朴，令人感动不已。

《南乡哀》（后集卷五）写的是上边以催收军粮为名，与县令共同搜刮民财的事情：

> 提军驻省科军粮，县令鼓行下南乡。
> 两营虎贲三千士，迫胁富民莫摇指。
> 计口留谷余助官，计赀纳金三日完。
> 汝敢我违发尔屋，汝敢我叛灭尔族。
> 旬日坐致银五万，秤计钗钿斗量钏。
> 呜呼！南乡之民苦诉天，提军但闻得七千。

搜刮的方式是两营虎贲三千士，迫胁富民莫摇指，搜刮的数量是"计口留谷余助官"，搜刮的胁迫是"汝敢我违发尔屋，汝敢我叛灭尔族"，搜刮的结果是"旬日坐致银五万，秤计钗钿斗量钏"，"提军但闻得七千"。实实在在的如民谣所说："贼来如梳，兵来如篦"，如此状况，叫百姓怎么活下去？

如果说《南乡哀》叙述催收军粮，官员尚为百姓留下了一点糊口活命的粮食，那么在《经死哀》（后集卷五）中所写的酷吏征税，则全然不管乡民的死活：

> 虎卒未去虎隶来，催纳捐欠声如雷。
> 雷声不住哭声起，走报其翁已经死。
> 长官切齿怒目瞋："吾不要命只要银！
> 若图作鬼即宽减，恐此一县无生人！"
> 促呼"捉子来，且与杖一百"。
> "陷父不义罪何极！欲解父悬速足陌！"

呜呼！北城卖屋虫出户，西城又报缯三五。

诗人写催纳捐欠的情形是"虎卒未去虎隶来，催纳捐欠声如雷"。当听说老翁已被逼死，官吏不仅毫无同情之心，反而怒目切齿地狂叫："吾不要命只要银！若图作鬼即宽减，恐此一县无生人！"更令人愤而无语的是，反诬其子"陷父不义"。诗人在此塑造了一个无耻、残忍、近乎兽性嘴脸的酷吏形象。

此诗全系白描，诗人无一句议论，结尾处诗人怒叹"呜呼！北城卖屋虫出户，西城又报缯三五"，把酷吏为索钱财视百姓性命如草芥，令人发指的言行揭露无遗。这是一个发生在湄潭县城的真实事件，酷吏的行为致使民怨沸腾，官逼民反。当白号军从思南、凤冈杀来时，他们在城头竖起义军大旗，拒绝提督蒋玉龙的败兵进城，主动投向白号军。

郑珍与杜甫晚年的际遇与情怀十分相似，与杜甫一样，有着"穷年忧黎元，叹息肠内热"的高尚情操；与杜甫一样，虽有着饱经战乱、颠沛流离的痛苦经历，但在其诗歌中关注的更多是人民的生计和社会的安危，超越了个人的悲苦；与杜甫一样，在他笔下，一方面真实地抒写了百姓的痛状、苦状、惨状，另一方面揭露了昏官、庸官、酷吏欺诈百姓的无才无德无耻之貌。体现了高尚的诗德。

如果说杜甫的诗歌是"诗史"，从"三吏""三别"可窥天宝间信史实事，那么郑珍的哀民诗堪称封建末世的再现，它具体真实地再现了晚清战乱频繁、官逼民反的真实景象。其诗笔在晚年也臻于炉火纯青境界，正如黎汝谦在《巢经巢诗钞后集引》中所说："吾观先生晚岁之诗，质而不俚，淡而弥真，有老杜晚年景界。"

作者简介

　　罗宏梅，贵州遵义人，遵义师范学院三级教授、贵州省省管专家、贵州省政府特殊津贴获得者、遵义市市管专家、贵州大学兼职硕士研究生导师、贵州省文艺理论家协会副主席、遵义师范学院人文与传媒学院党总支书、遵义师范学院省级重点学科"汉语言文学"文艺学方向带头人。2015 年 6 月毕业于北京师范大学文学院，专业方向为文艺学，获文学博士学位，师从资深教授童庆炳老师。

　　主要致力于文学理论、古代文论与地方文化的教学和科研工作，近年来连续在《中国社会科学》《文学评论》《文艺研究》等期刊上发表论文 5 篇，获国家社科基金项目一项，省部级项目多项，荣获多项省级奖励。

学生课后感文章选录——

晚清"西南巨儒"——郑珍

2018 级卓越实验班　罗雪双

今天聆听了红枫湖讲座《清诗三百年·王气在夜郎——走进郑珍的诗歌世界》，本期讲坛的主讲老师是遵义师范学院教授罗宏梅老师。

本次讲解的对象是清朝诗人郑珍。郑珍（1806—1864）字子尹，晚号柴翁，贵州遵义人，是遵义沙滩文化的三个代表人物之一。郑珍是清代著名的经学家、文字学家、史学家、文学家，郑珍的经学著作有很多，在此老师只是给我们展示了少部分，其中有《巢经巢经说》《仪礼私笺》《考工轮舆私笺》《凫氏为钟图说》《亲属记》；文字学著作有《说文逸字》《说文新附考》《汗简笺正》，已定书稿有《说隶》《补钱氏经典文字考异》，未定书稿有《说文大旨》《转注本义》《说文谐声》《释名证读》，史学著作有和莫友芝一起编撰的《遵义府志》（被梁启超称为"天下府志第一"）。

总体来说，郑珍是位一流的学家。胡先骕先生也说他是"有清一代冠冕"，认为除李、杜、苏、黄外，很少有人能超越他。钱仲联先生也尤爱郑珍，对郑珍真的是情有独钟。钱仲联先生在他编的诗集里摘引了很多郑珍的诗。而他对郑珍诗歌的评价是："清代第一，不独清代，即遗山、道园亦当让出一头地。"这是很高的评价了。

　　本期讲座也让我认识了郑珍。在老师还没有讲解郑珍之前，我是完全不认识他的，本次讲座激起了我了解郑珍的兴趣。但要怎么去了解郑珍呢？我有尝试通过百度去深入了解郑珍是一个怎样的人，可不管再怎么去搜索，内容也是有限的。我现在也有读郑珍的诗，其中有这么一首，《晚望》：向晚古原上，悠然太古春。碧云收去鸟，翠稻出行人。水色秋前静，山容雨后新。独怜溪左右，十室九家贫。这首诗作者写出了春色，写出了碧水青山，更写出了自己心系天下百姓的情怀。老师在讲座现场推荐的山水诗有《白水瀑布》《云门磴》等。这些是我对郑珍的一些初步了解，希望自己能再进一步地去了解郑珍，品读郑珍更多的诗句。

晚清贵州诗人——郑珍

2018 级学前教育 2 班　简念

今天聆听了罗宏梅教授的讲座，使我认识到了咱们贵州本土诗人郑珍。

郑珍，清代官员、学者，贵州遵义人，生于嘉庆十一年，道光十七年中举人，选荔波县训导，咸丰年间告归。同治初补江苏知县，未行而卒，于同治三年九月十七日逝于家中，享年五十九岁。所著有《仪礼私笺》《说文逸字》《说文新附考》《巢经巢经说》《郑学录》等。

郑珍在十一岁时入私塾，十二岁时就读于遵义湘川书院，十四岁时举家迁居到东乡乐安里的尧湾（如今的禹门乡沙滩），与外祖父黎安理家就近而居，并拜大舅父黎恂为师。大舅父见其过目成诵，聪慧过人，遂将长女许嫁与他。但是当时郑珍喜欢的是大舅父家的次女黎相佩，郑珍十四岁，黎相佩十三岁，两小无猜，两个人感情很好，以致后来俩人相爱了。然而最后大舅父把长女嫁给了郑珍，而次女却远嫁他乡。这一直是郑珍心里的痛，难以释怀。

　　除了在感情上的不顺，科考也不怎么样，科考九次历经二十二年。年少的郑珍其实很聪明，而且很早就获得了贡生拔贡，但越往后边科考的运气越不佳，个中滋味，什么苦都尝遍了。郑珍一生，都在科考、游幕、执教、居家与治学中度过，青年时期的勤耕与苦读、中年时期的经营与著述、晚年时期的悲凉与治学。

　　讲座的最后，罗老师跟我们分享了郑珍的几首诗，亲情诗《系哀四首·桂之树》讲述了郑珍离家时，母亲在树下送别他的情景。他从小母亲一直陪学，严格要求他读书，后母亲辞世了，郑珍在家守丧三年，这三年当中，他一首诗都没有写。三年之后，也就是1842年，他把对母亲的最深切的思念诉诸笔端，写下这首亲情诗。第二首爱情诗《沁园春》，这首诗表达了郑珍对黎相佩的真心以及担忧和不舍。

　　听了罗老师的讲座后，深感一个伟大诗人一生的坎坷与不易，从他写的诗中可以感受到许多我们现在的处境，就像罗老师说的文学对于文学的解释，是没有固定答案的。

　　我们唯有珍惜当下，努力学习，让自己成为一个对社会有用的人。

语言表达与人际沟通

吴　畏

　　我们在座的都是未来的人民教师，所以先问大家一个问题，教师是什么？有人说，教师是人类灵魂的工程师，塑造孩子高尚的人格。也有人说，教师是阳光下最光辉的职业，我们肩负着把学生培养成最阳光的孩子的责任。同时我们还是园丁，用辛勤的汗水、优雅的形象、生动的语言去耕耘孩子们的心田。有人又把我们比喻为蜡烛，我们给孩子以光明，用语言照亮他们心灵的天空。其实我们是一群天使、是美好的象征、是语言工作者，我们要春风化雨、润物有声。现在请大家和我一起欣赏一篇散文——《地上有着无数的太阳》。

　　我会永远爱着太阳，我的光明之源。没有太阳，不会有我，不会有你，不会有他，不会有山青青、水碧碧的人间。

　　然而，天顶的太阳只有一个，而地上却有无数太阳，像星星一样繁多，一样灿烂。

　　太阳有时从我打开的书页里升起，有时从我爱着的心灵里升起，有时从老师粉笔的芬芳里升起，有时从朋友辉煌的思想中升起，有时从远方珍重的祝福里升起，有时从身旁温热的语言中升起，有时从赤诚而婉转的歌声里升起，有时从邮递员闪烁的汗珠里升起，有时从孩子微笑的酒窝里升起，有时就从你滚动着的暖流的手中升起。

人间到处都有太阳，时时都有迷人的日出，时时都有希望的火光。因为人间有无数太阳，诚实与善良的生命才会不断繁衍。自然的丽日照不进的心灵，才会有永不凋零的春天。

我相信地上有无数的太阳，所以我未曾在狂乱的风雪中绝望，也未曾在歧路的暗影里落入深渊。我相信世上的道路固然有许多沟沟坎坎，但人间总有流不尽的光明与温暖。

我一走进你们学校，就感觉到了太阳从幼专升起。当我看到你们一张张青春的、阳光的、可爱的笑脸，我感受到了太阳就从你们那儿升起。其实你们就是一轮轮太阳，会升起在未来的日子里，给未来你的学生带去光明，带去温暖，带去希望。

今天我们就一起来讨论，怎样让你们这些即将升起的太阳更加温暖，更加光明，让学生更能充分地感受到你们心中的爱，让学生敬你们，敬在座的女孩儿如圣母马利亚，敬在座的男孩儿如太阳神阿波罗。

作为教师，我们应该有哪些职业素养？

从我们参加过的数次教师职业面试中，我得出下面五点结论：第一，要有专业素养。在座的同学来幼专就是进行专业培训的，从一年级开始到三年级，未来三年满满都是专业素养。第二，作为未来的那轮太阳，应该有积极向上的心理素养，与他人交流，就是把你心中的那份爱、那份快乐、那份真诚、那份火热传递出去。第三，职业道德素养。你是一个追光的人，一个发光的人，所以你的职业道德是最高尚的。与之相配，你才能成为圣母马利亚，你才能成为太阳神阿波罗，你们才是地上行走的天使。第四，语言表达能力素养。你有爱，有光明，通过什么表达？语言。语言是思想的外壳，我们的思想看不见摸不着，知人知面不知心。只有你说出来，我才懂你的心。语言和你的思想如影随形，你想到哪儿它就表达到哪儿，言为心声。但生活中往往有这样的情况，言不由衷。你的意思是善意，可是表达出来却不够善，你的善意不被别人感受，不被别人接受，太可惜了，所以今天我和大家好好讨论一下语言表达能力。

语言表达就是一种沟通，你怎么和别人沟通，这就和第五点连在一起了，怎样用语言把你的想法及时地让对方了解，支持你的想法，和你一起去实现你的梦想？我们各族同胞心往一处想，劲往一处使，去完成我们的中国梦。

首先，你心中要有一份爱，你才能成为真正的天使，你才是真正的太阳。

第一个就是要有爱，爱是爱心，作为老师，爱还是耐心。孔子说，仁者爱人。只有有爱的人，才能被称为仁者。我们就是学生眼中的仁者，所以我们必须有一个爱字。

第二，有这份爱，还要善于引导学生向善、向美，善于激发他们学习和进步的初心。

孔子非常善于激发学生的学习激情，他说："有朋自远方来，不亦乐乎？学而时习之，不亦说乎？"学习就像碰见了朋友，如果是新知识，那就是结识新朋友，如果是复习旧知识，老朋友再次相逢多快乐呀！孔子把这两者看似不相关的事物连在一起。当你翻开一本书，就是和一个人的灵魂在交流。当你学会一个个知识，你就懂得了更多的道理，就走出了自己的小小空间，领略了更宽更广的空间。生活处处皆学问，人生就是一本书，要善于阅读他人。你可以读你的朋友，读你的家人，别忘了今后读你的学生，他们有一颗颗善良的心，一颗颗纯朴的心，一颗颗像金子一般的心。

一位教自然科学的老师出了一道题：冰雪融化以后变成了什么？其实他要考的是水的三种形态，冰雪是固态，融化后变成液态。一个小学生说冰雪融化之后变成了春天，老师给他大大打钩，保护了他的想象力。如果不懂得保护想象力，就会给他一个叉。这个学生在和老师做心灵沟通，他在告诉老师他对世界的理解。冰雪融化后迎来了暖和的春天，生机盎然的春天。每个人都是一道亮丽的风景，你是，他也是。刚才我读的那篇文章，就是培养大家善于发现美。只有有了这样的心态，有了这样的能力，你才可能积极地、主动地、成功地与他人沟通。每个人都有朋友圈，你会发现一个现象，在朋友圈里那些积极点赞的人，最后他获得的点赞最多。如果你的朋友发了一段文字很有特色，你给他点赞，可是当你发很有价值的东西时，他不理不睬，从来不给你点赞，当他再一次发有价值的东西时，你还会不会给他点赞？这就要学会欣赏，学会欣赏别人，别人才会欣赏你。这是沟通最起码的前提，否则你沟通的语言即使高超也会失败。语言再高超也仅仅是个技艺，而这个技艺要表达你闪光如金子一般的心啊！

我们教师是语言工作者，所以最重要的素养是什么呢？就是要演说，为孩子们说。一个优秀的教师应该有语言能力，有这么一句话，你能面对多少人进行演说，你才有可能征服多少人。你能否在最短的时间里，以清晰简明富有感染力的演说去说服他人，这是判断一个老师能否成功的关键。你们和同学见面要做自我介绍，今后你们和学生相处，学生要认识你，你也要做自我介绍。我是贵大的老师，每个学期面对新的一个班级，我要做自我介绍，那怎么介绍呢？我的名字大家都看到了，我姓吴，叫吴畏。姓名其实就是一个符号，是区别于他人的特定的符号，但这个符号又不是普通的符号，这个符号是父母对我们寄予的厚望，是父母给我们的最美好的祝愿。我想我父母在给我取名字的时候，是这样想的："我的女儿要走一条漫长的人生路，在这条路上，有阳光，但也会有风雨，有坦途，也会有坎坷；有胜利的时候，也会有失败的时候，没关系，只要她面对困难有种无所畏惧的精神，她就能迎难而上，就能挑战困难，战胜困难，走出属于她的康庄大道，辉煌人生。"我得到这样的启示和祝福，一路走来虽不是要风得风、要雨得雨，虽然有过失败，也经历过坎坷，但最后我还是走出了属于自己的美好人生。今天我把名字美好的寓意分享给有缘的你们，希望你们在未来漫长的人生路上，也能够有这种面对困难，无所畏惧的精神，挑战困难，战胜困难，迎来你人生中的骄阳，走出属于你的金光大道。每次我给大家这么一介绍，大家就记住我的名字了。从此以后大家和我有很多话可以聊，这就找到了一个沟通的渠道，这就是开门红了。所以我们以后在面对陌生人时，别忘了在最短的时间，以最简洁的方式让人了解你，最好征服别人。

口语的表达有最基本的三条要求：一要清晰，字正腔圆，吐字清楚；二要流畅如行云似流水，如清风像溪水，干净流畅，听起来很舒服；三要响亮。

在这基本的前提下，训练言之有物，言之有文，言之有序，言之有情，言之有理。

言之有物，何谓物，物就是内容，谁说话都多多少少有内容，但是我们的内容要充实，不仅要充实，还要多多少少有一些新意。比如我一开始给大家介绍地上有着无数的太阳，这篇文章就很有新意。因为每个人都想天上有太阳，没有想到地上会有太阳，更没想到有无数的太阳。接下来就是它独特的见解，请君为我倾耳，要有内容，我才能够静下心来听你说，如果你老生常谈别人就不愿意听了。

言之有义，何为义？义就是文采。孔子说文质彬彬，文是文采，质是内在的美，内在的美和外在的美高度统一。而言之有文中的"文"要求我们的语言形象生动，而不是太平俗。太平俗就叫大白话，没有经过我们修饰的话不能放在台面上，不能登大雅之堂。所以我们的语言要生动活泼、优美。

言之有序，序者就是顺序，特指章法，先说什么后说什么。文章特别讲章法，诗歌有诗歌的章法，绝句、律诗有它的要求，散文小说也有章法。

如果把文学作品比喻为花，诗歌短小精悍，浓缩的是精华，是小草花。散文是爬藤花，只有文章写完了，你才知道它的主旨是什么。因为它不受时空的限制，想到哪说到哪，形散但神不散，像爬藤花。而小说有很大的主干、很厚重的主题，还有很多的情节以及众多的人物，就像一棵开花的树。那众多鲜活的人物就是千朵万朵压枝低的花。

古人写文章讲四个部分，起承转合，那我们总分总要有条理。今后你当老师，如果学生向你反映情况，因为情绪激动而叽叽喳喳说一堆，你听不懂，学生会认为老师没水平。如果他说完后，你说："同学你是不是要说三点，一什么二什么三什么。你是不是有三个诉求，一什么二什么三什么。"学生便会认为老师水平高，随便说一堆话，自己都没想清楚老师居然分析得头头是道。所以言之要有序有条理，思路清晰。

接下来就是言之有情，我们都是有感情的，很容易被情打动。为什么我们那么喜欢李白的诗，因为李白的诗豪情万丈。说到自信，不仅说"天生我材必有用"，更说"长风破浪会有时，直挂云帆济沧海"。毛泽东更有激情，"俱往矣，数风流人物，还看今朝"。艾青有句诗："为什么我的眼里常含泪水，因为我对这土地爱得深沉。"每句话都是那样的平实，但却深情动人，于是，爱国之情油然而生。所以要想打动别人，必须用真心，必须有深情，你必须用热情，必须有激情。

舒婷的《祖国，我亲爱的祖国》，一次一次地呼喊："祖国啊，我亲爱的祖国！"把对祖国的那份热情、爱情表达得淋漓尽致，打动了我们。我们不仅容易被情感动，还需要被理征服。

范仲淹的《岳阳楼记》里先是描写了岳阳楼的景色，登岳阳楼以观洞庭之景。接着他笔锋一转，开始明理："不以物喜，不以己悲，居庙堂之高则忧其民，处江湖之远则忧其君。是进亦忧，退亦忧。然则何时而乐耶？先天下之忧而忧，后天下之乐而乐。"于是范仲淹就用他的情操、他的胸襟征服了我们。

毛泽东的"为人民服务"这句至理名言是为了纪念张思德提出来的。张思德是炊事班的普通一员，他在平凡的岗位上，将最平凡的事坚持做下去，成为最不平凡的那一个。毛泽东笔端一转：人固有一死，或重于泰山，或轻于鸿毛。引用司马迁的句子，揭示出人活着的真正价值就是我们能为百姓、为人民奉献，所以提出要为人民服务。一下子把理论的深度和高度概括出来，让我们折服，所以言之有理和言之有情往往融合在一起。如果你能动之以情、晓之以理，我们便被你征服。刚才我们埋了一个伏笔：言之有物就是有新意、有见解，内容出新出彩，还没举例子，现在以毛泽东的语言为例。毛泽东作为一代伟人、一代英豪，和各种层次的百姓打过交道，人们很佩服他的语言技巧和思想光辉。为什么呢？因为他的演讲雅俗共赏，道理深入而浅出。他读过很多书，这些书都变成他精彩的语言、深邃的思想和丰富的智慧。毛泽东有一个功夫叫点石成金，这就是今天要给大家推荐的出新、出彩的例子。我们把毛泽东的诗词作为例子，看他怎样点石成金。点石必须阅石无数，他是怎样阅读前人的诗词，感悟也就这么一改成自己的啦，就出新出彩了。北宋著名词人苏东坡的《念奴娇·赤壁怀古》："大江东去，浪淘尽，千古风流人物。乱石穿空，惊涛拍岸，卷起千堆雪……遥想公瑾当年，小乔初嫁了，雄姿英发，羽扇纶巾，谈笑间樯橹灰飞烟灭……"这首词里上阕写景，下阕怀人。有一个句子承上启下"江山如画，一时多少豪杰。"毛泽东将它点石成金，"江山如画"变为"江山如此多娇"。好在哪里？"如画"虽美，但画是死的，没有灵气没有神态。而毛泽东将"如画"改为"如此多娇"，娇媚的神韵出来了，就像给它吹了一口仙气，于是就活了。这就叫生动，让画面动起来，回眸一笑，于是百媚就生。正因为如此的娇美、娇艳、娇柔，于是我们的心都醉了、碎了。"一时多少豪杰"是陈述句，而现在变成因果句："江山如此多娇，引无数英雄竞折腰。"因为江山如此多娇，所以使无数的英雄豪杰，纷纷弯下自己高贵的头颅和挺直的脊梁，为她鞠躬尽瘁，死而后已。这样一改诗句情感充沛，激情飞扬，气韵不凡，就成了金子。一块普通的石头，加上形象、加上情感，它就变了，就活了，就有灵气了。毛泽东有一首词——《卜算子·咏梅》，卜算子是词牌名，咏梅是词的内容名。陆游也写过《卜算子·咏梅》，他是南宋的大词人、大诗人。毛泽东居然敢和陆游 PK，和古人PK，和名家 PK，胆子忒大，但最后他超越了古人。

驿外断桥边，寂寞开无主。已是黄昏独自愁，更著风和雨。

无意苦争春，一任群芳妒。零落成泥碾作尘，只有香如故。

　　驿站之外，靠近断桥的旁边，梅花孤单寂寞地绽开了，却没有人来欣赏它的美丽，没有人来品读。更不幸的是天色已晚，还下着苦雨，凄风苦雨中，谁还会来欣赏它的美。一阵风吹来，把它美丽的花瓣，吹落在地上。美丽的花瓣，娇美的容颜，就这样坠落在泥土中，和泥土搅在一起。更不幸的是，一辆车碾压过后把美丽的花瓣和泥完全揉在一起，这时候风再吹来变成了尘埃，飘浮在空中，只有芳香依然如故。这是人格的坚守，虽然没有人欣赏，虽然没有人点赞，我也要自顾美丽。恶劣的环境把形式的美给摧残了，但是它灭不掉毁不掉的是我骨子里的那份清高。那份美丽写得多好啊！好难超越，人格已经达到了相当的高度。可是毛泽东超越了：

风雨送春归，飞雪迎春到。已是悬崖百丈冰，犹有花枝俏。

俏也不争春，只把春来报。待到山花烂漫时，她在丛中笑。

　　陆游的《卜算子·咏梅》中的"梅"有气节，有芬芳，有美丽。而毛泽东的《卜算子·咏梅》已经达到了忘我的境界和高度。踩千里冰封于脚下，迎着风雪绽放，在冰天雪地中一株红梅傲立雪中，像火一样温暖，一样耀眼。把冰雪的白和梅的红形成了鲜明的对比，相互照亮。把冰雪的冷和梅的热又形成了鲜明的对比，绽放俏丽无比。很生动，很有人气，不是在争春天，她只愿做一个傲春的使者，告诉人们，冬天来了，春天还会远吗？告诉人们不要怕天有多冷，风有多寒，冰雪有多厚，自己已经绽放了，春来了。当春天来了，百花争艳时，大雪也去，含笑于九泉之下。这是一种无我精神，忘我的精神，英雄主义的精神，牺牲者的情操。所以胸襟更开阔，立意更高远，意境也更美。没有凄，没有苦，有的是自豪，是骄傲，是心甘情愿的默默牺牲。所以这就叫新，这就叫出彩。

毛泽东是一个演讲家，第一次到湖南做工人运动，工人们没有读过什么书，也没有什么知识，对他们开展思想工作有一定的难度，他就对工人们说："我们要做天下的主人，要做自己的主人，要改变自己的命运，要改变国家的命运。"工人们不自信："我们这些身处社会底层的人，我们能做国家的主人？我们自己的命运都做不了主啊，我们朝不保夕，今天在这个工厂工作，明天还不知道能不能找到工作，我们连自己的命运都做不了主，怎么能改变天下，怎么能做天下的主人呢？"工人们知识结构欠缺，对他们说高深的道理，说马克思主义思想肯定接受不了。毛泽东很智慧很出彩：工人两个字怎么写？工字和人字很简单，工字定好一横一竖一横，这就是顶天立地，我们工人就是顶天立地的人，工和人竖着写连在一起就是"天"。只要我们团结起来连在一起，我们就能做天下的主人。深奥的道理就被他这么巧巧地一拨，四两拨千斤，就这样出新了。

后来他给军人做了一次演讲，当时要推行一个政策叫精兵简政，精简机构，减轻百姓的负担，但谁都不愿意被精简，那怎么办呢？他讲了一个成语故事——黔驴技穷。黔无驴有好事者船载以入，贵州不产驴，贵州本土没有驴，北方有驴，有一个好管闲事的人，把驴从北方运到贵州，通过水路用船载过来，放到山中。这个物种很稀有，对我们贵州来说，山连山峰峰相连到天边，乌蒙磅礴走泥丸。有乌蒙山有大娄山有苗岭，山中有老虎，老虎看到驴，先惊了一下：哎哟，庞然大物。但老虎是兽中之王，敢于挑战，敢于尝试，就去挑衅驴。驴大吼一声，用蹄子踢了几下老虎，老虎立马扑上去，断其咽喉食其肉。驴就这两个技能，没有第三个技能，小老虎将庞大的驴征服了。现在精兵简政，就是要把我们的革命队伍由一个大驴子变成一只小老虎，人数少了，部队减小了，但是战斗力却提高了，同时又减轻了百姓的负担，一举两得何乐而不为呢？于是大家就支持精兵简政。

今天贵州的发展和多彩贵州的宣传有密不可分的关系，我们在先辈的记忆中有三句话：天无三日晴，地无三尺平，人无三分银。一句比一句话更让人泄气，天无三日晴说明雨多，地无三尺平说明山路弯曲难行，人无三分银说明贵州穷。百家讲坛上讲学的那个女专家——于丹，有一次被请到我们贵州大学来讲学。她觉得这三句话要重新解读：第一，正因为天无三日晴，特殊的气候条件才酿造出了茅台。第二，正因为地无三尺平，巨大的落差打造了中国最大的瀑布、世界第三大瀑布——黄果树瀑布。第三，正因为人无三分银，贵州穷，所以我们才要立志改变生存环境，才更有后发优势，才更能够激发我们对家乡的热爱，更愿意去努力打造辉煌的未来。

从2012年开始，国家对贵州加大了支持的力度，2012年国发2号文件专门就贵州的发展出台了政策的支持。要想富先修路，修路成本太高了，逢山打洞遇水架桥，这些困难挑战我们贵州人，我们山区的愚公用智慧在移山，用勇气在移山，用对家乡的热爱在移山。2016年6月，全国道桥评比，我们贵州居全国第六。全世界最出名的100座大桥，中国占到80座，贵州占到40座，也就是说我们的桥梁建设，占了中国桥梁建设的半壁江山。最高的一座桥，不在美国不在英国，不在德国不在法国，在中国。不在江苏，不在浙江，不在四川，不在云南，在贵州，它的名字叫北盘江大桥，距水面500多米。据说物体落下去，需要十秒才能到达水面，所以人们又称它为十秒桥，这就是我们贵州人打造的奇迹。

明代开国元勋刘伯温，辅佐朱元璋筹谋天下大事，胸怀全局，高瞻远瞩，以理性的思维重新审视了当时被人们视为"蛮荒之地"的云贵高原，赋诗道："江南千条水，云贵万重山。五百年后看，云贵胜江南。"这是一个智者的预言，它经受住了时间的考验。如今600年过去了，我们贵州正在赛江南，今年黄金周、去年黄金周游客最愿欣赏的是黄果树瀑布。贵州是投诉率最低、满意度最高的旅游点。贵州是歌舞之乡，歌有苗族的飞歌、侗族的大歌、布依族的好花红，舞有芦笙舞、板凳舞、大鼓舞等。我们是大山的孩子，所以我们性格很爽快。今天呢，配合这个宣传词还有一个人，这个人是谁呢？是张超！张超是我们贵州人，是土生土长的苗家子弟，他不仅为歌唱组合凤凰传奇写了歌，还为自己的家乡写了《我在贵州等你》。咱们现在一起用语言来表达对家乡的热爱，一起用这首歌来赞美家乡的美：等到天都蓝了，等到云都白了……

演说者、教育者还需要以下基本功：第一，丰富知识的积累。毛泽东能点石成金，怎么才能够点石成金？需要有大量的石头做基础，所以具有丰富的知识积累是第一重要的事。毛泽东卧室三分之二的空间放的是书，卧室里除了床就是桌子和书架，行军打仗，还带着书。中华书局出过一套书：《毛泽东亲笔点评二十四史》，里面每一本书都有毛泽东对每一个历史人物、历史事件的点评。读一本书就经历一段事，他通读二十四史，穿越了历史，和古代高手在对决。所以人们说他没有进过中国最好的军校——黄埔军校，却打败了黄埔军校的校长——蒋介石。没有进过世界最好的军校——美国西点军校，却打败了美国西点军校的高才生——麦克阿瑟。朝鲜战场上美军联合国部队总指挥麦克阿瑟谁都不怕，唯一怕的就是中国人民解放军。毛泽东凭什么胜出？凭的就是广泛深入的阅读。他能够在阅读中成为别人的知音，情相连，意相投，智慧相参照，这才使他能够有语言，有文采，有智慧，心中有天地。第二，需要三种能力，一是对生活敏锐的观察能力；二是对事物较强的分析能力；三是由此及彼丰富的想象能力。如果没有这些能力，你的知识不能迁移，你对生活感悟和愚钝，你就不可能让别人佩服、不能征服别人。还有就是不凡的思辨能力，论辩比赛其实就是在看你有没有超凡的思辨能力，有就胜出，没有就被淘汰。

一篇演讲稿是三种文体的综合。

第一，议论文发议论。第二，记叙文叙事。第三，抒情散文抒情。言之有物要叙事，言之有理要议论，言之有情就要抒情，最后体现在口语表达上。腹中有诗书，腹中有天地，精神上有高度、有深度，还需要有口才，有流畅的语言、标准的普通话。

我们作为教育工作者，要有一定的知识广度、一定的思想深度、一定的综合分析能力，还要有较高的现场表达技巧和较强的应变掌控能力。新中国成立之初，周恩来作为国家的总理和第一任外交部长，为了打破坚冰，让世界人民了解中国，让世界人民听到中国人的声音，举行了记者招待会，当然大多数人是抱着善良的愿望而来的，但也有记者来者不善。有三个记者带着三个刁钻的问题来了，第一个记者说："总理先生，你们门前的那条路叫马路，你们难道不是人而是马吗？"周总理回答："我们是沿着马克思主义道路前进的，所以简称为马路。"

第二个记者也问了一个不善的问题："我们英国人走路总是昂着头，多自信多骄傲，而你们中国人走路为什么总是低着头？"周总理反问："你们爬过山吗？上山的时候为了保持平衡，人得低着头走。而下山时为了保持平衡，就得昂着头走。我们走的是上坡路，蒸蒸日上；而你们在走下坡路，江河日下。"第三个记者发问："总理先生，你是管国家财政的，请问你们国家有多少钱啊？"周总理说："我们中国人有人民币十八块八毛八分。"这钱怎么算出来的呢？怎么才十八块八毛八分？当时我们人民币的最大面值是十元，接下来是五元、两元和一元，加在一起就是十八元。角有五角、两角、一角，加起来是八角。分有五分、两分、一分，加起来是八分，于是等于十八元八角八分。周总理居然可以这么妙答，大家听到后掌声雷动。三个刁钻的问题不仅没有问倒周总理，还把我们大国总理的形象展示出来了，把我们的政治主张展示出来了，把我们的自信自豪展示出来了。

今天给大家分享了怎样跟他人沟通、怎样让自己的语言成为一座桥梁，架在两个心灵之间；怎样把自己变成一轮太阳，通过语言把光芒散播在学生的心田。

最后，祝大家的生活里充满阳光，精神上充满温度，身边充满美好。送大家一首歌《少年中国说》，让大家懂得什么叫年少，什么叫锐气。《少年中国说》是梁启超先生写的，曾经影响了几代人，希望你们永远是少年，永远是那轮升起的太阳。

录音稿整理：2018 级学前教育 1 班　袁慧敏

2018 级学前教育 1 班　马冬梅

作者简介 　　**吴畏，**贵州大学文学与传媒学院汉语言文学教授、硕士研究生导师、大学语文部主任、国家级普通话测评员、贵州省写作学会理事长、贵州省红楼梦学会贵州大学分会副会长。贵阳孔学堂主讲教师，常年为企事业培训《公文写作》《演讲与口才》《沟通艺术》《普通话》《国学与人生》等课程。

　　出版专著：《尔雅全译》（贵州人民出版社出版，2000 年）、《中国古代诗歌文化探究》（贵州大学出版社出版，2009 年）、《中国文化符号解读》（复旦大学出版社出版，2017 年），主编教材 3 部，发表论文 30 余篇，主持科研课题 8 项。

　　荣获全国高校微课比赛贵州赛区一等奖、全国三等奖、贵州大学微课教学比赛一等奖，曾获贵州大学演讲比赛一等奖、贵州大学征文比赛一等奖等奖项。

学生课后感文章选录——

善于沟通是教师必备素质

2018 级早期教育班　黄海玲

古人以武会友、以琴觅知音、以诗谈情，无不体现着表达与沟通的重要性。

听了贵州大学吴畏老师作的"语言表达与人际沟通"讲座，语言诙谐幽默，深入透彻，让我受益匪浅。吴畏老师从各个方面讲解了如何创建成功的人际关系，并且总结出了目前教育者需要面对的几个原则和技巧。吴老师的讲解使我们明白了沟通技巧的重要性，让我们知道了人类任何活动都离不开沟通，良好的沟通能力是获得成功的保证。

在日常生活中，我并不是一个特别注重沟通的人。尤其现在离开家来到这个刚刚熟悉的城市以后，身边都是刚刚认识的朋友，彼此不了解也就无法顺利沟通。那些离我远去的朋友也渐渐因长时间不联系、不沟通而变得生疏。但自从听了吴老师的讲座后，我变了，变得会主动沟通了。对身边的同学，我会主动和她们聊天；远方的朋友，我会偶尔打一通电话告诉她们我的近况并询问她们是否安好；对家人，我会每周六或者周日晚上打电话回去，报平安并告诉家人自己最近的情况。渐渐地，曾经陌生的同学变得亲密了，要好的朋友更加要好了，亲爱的家人也更加安心了。

为了避免不必要的冲突，每个人都要学会驾驭自己的情绪，保持良好的状态，这样才会使你冷静客观地看待一件事或一个人，更好地与别人沟通，交流。也正是由于听了吴老师的课，我才渐渐体会到原来人与人之间沟通有这么多技巧。只有充分地了解了这些技巧，并把这些技巧运用到日常生活中去，我们才能与别人建立良好的人际关系，才能在今后的生活、学习中做得更加出色，也能让自己迈出成功的第一步。

语言教育是教师在教育学生时使用的最主要的手段。因此，教师的语言必须规范、准确、生动，我会努力运用语言的力量激发学生的求知欲，激发学生的上进心，把知识和感情送进学生的心田，让学生知晓做人的道理，让学生在思想上认同后，再指导其行为，以加强自己的人格素质。

未来的我们都是教育工作者，然而身为一个优秀教育工作者所要具备的演说基本功有：丰富的知识积累，敏锐的观察能力，较强的分析能力，丰富的想象能力，不凡的思辨能力，风趣幽默。

善于沟通是教师必备的素质。

演说，能在最短的时间里，用最简单的语言，清晰明了地进行自我介绍。

教师口语表达的要求：尽量保持语言的表达准确、清楚、明晰。

总之，语言流畅、口齿清晰、发音准确，言之有物、有文、有理、有序、有情、有理。

通过"语言表达与人际沟通"的学习，让我们懂得了学习好语言和沟通是一门必修课，也是对民族和后代负责的表现，作为未来的教师，我们要用正确观念滋润心灵，用准则规范言行，加强语言表达上的学习，只有不断进取，才能使自己在语言交流和沟通方面有所进步和提高。

语言是成功的桥梁

2018 级早期教育班　唐　丽

2018 年 10 月 26 日下午的"红枫湖·百家讲坛"，邀请了贵州大学吴畏教授为大家作"语言表达与人际沟通"讲座。本次讲座为我们展示了语言的魅力与沟通的重要性，如果说书籍是人类进步的阶梯，那语言沟通便是一个人走向成功的桥梁。

从古至今，一个人的成长、学习及工作，都离不开语言的沟通，语言是整个自然界中人类作为高级动物特有的。语言让我们表达了自己的情感，沟通让我们了解他人，建造一个和谐的生存环境。

吴畏老师说，语言表达有一定的要求。例如：表达要准确、清楚、明晰、流畅以及表达时声音要适中，口齿要清楚。在社会交往中，语言无处不在，而语言表达得体并不是每个人都能做到的，一个人的语言表达是否得体与他受教育的程度和生活环境有关。所以为了生活，我们要努力提高自己的文化修养与道德修养。

沟通是走向成功的捷径，沟通也是走向成功的桥梁。

吴畏老师提到与他人交流时要言之有物，言之有文，言之有序，言之有情，言之有理。现在回想自己与他人交流时从未想到过这些问题。是自己从未深入了解沟通的含义，不知在与他人交流中还有这样的奥秘。在与他人交流中每个人都应注意自己的言行，也许一句不经意的话语会对他人的一生造成影响，我们要对自己的言行时刻反思。《论语》中曾子曰"吾日三省吾身。"在生活中，每个人都应该严格要求，努力提高自己的文化修养。

吴畏老师说到，生活处处皆学问。我想，只要我们留心观察身边的事物，都会有不一样的收获与认知。人生就是一本书，只要你愿意细心钻研每一个字眼，你的文化修养也一定得到不一样的提升。每个人都是一道美丽的风景，只要你愿意停下匆忙的脚步，回头看看自己走过的路，你会为自己的不放弃感到自豪。

我相信本次讲座中，每个同学对语言和沟通都有着深刻的认识与了解，这次的讲座我们也学到更多与他人沟通的方法，了解人与人之间相互的关系。

语言是美好的，我们每天都在与它接触，它带给我们的不仅是快乐，更是精神上的支撑，支撑着我们为梦想而前进的脚步，是我们追求幸福的桥梁。

因为有沟通，我们的人生道路少了一些坎坷多了一些勇气。

语言沟通为我们的美好生活插上翅膀。

为了梦想与幸福，前进吧！在这里，感谢吴畏老师为我们带来人生中重要的一堂课。

语言是交流的艺术

2017 级五年制实验班　郭思懿

　　我非常高兴能参加这次学校图书馆开展的"语言表达与人际沟通"的讲座，主讲老师吴畏的讲解让我受益良多。

　　沟通是一门艺术，说话是一种表达的技巧。只有掌握了更多与人沟通的能力，才能更进一步提升说话的水平。人际沟通是个人之间在人际交往中，彼此交流思想、感情和知识等信息的过程，是信息在个人间的双向流动。在生活中，我们离不开社会，离不开与人交往，离不开人与人之间的交流，因此，必要的沟通技巧是必需的，我们要做到更好地与人交往，必不可少的是掌握语言交际的基本原则。

　　演讲也是语言表达和人际沟通的一个重要形式。

　　吴畏老师说，教师要具备的素质之一，就是能否在最短的时间里以清晰、简明而又富有感染力的演讲说服他人，这是一名教师能否成功的关键。通过此次的讲座我知道了在演说方面要具备哪些条件与要求。教育工作者的演说是基本功，只有在平时的积累中吸取更多的知识，多注意观察孩子们的动向，会分析重要的内容，懂得什么时候做什么事。对于幼儿园的小孩子，我们要有丰富的想象力，以便给小孩子编故事，还要有一定的思辨能力和写作能力。表达要说的事情时要清晰、流畅、响亮地说出来。

在语言表达上，语言要流畅，口齿要清楚，声音要适中。不然小孩子听起来费劲，当老师的也累。其中让我感触最深的是吴畏老师所说的，爱与善这个话题。俗话说仁者爱人，我既然选择了当一名幼儿教师，就必须在这方面下功夫，在对待小孩子时要充满慈爱之心，要永怀爱意，充满善意，好好引导他们，启蒙他们。作为孩子们的老师，不仅要有丰富的经验，还要有耐心去包容他们，还必须有一定的专业素养，才能教好孩子。在和小孩子交流时，要用最健康的一面给他们解释，心理素质要好；在语言表达时要得体简明地表达出来，要言之有理，用感情来打动小孩子，让小孩子正确认识到自己的错误并加以改正，用道理来使小孩子明白自己哪里做错了，要用方式方法引导每一个小孩子走好人生的道路，要做一个有良好职业道德的人。

吴畏老师说：生活处处皆学问，人生就是一本书，学会欣赏，每个人都是一道美丽的风景。

只有多听多看，才能学到新知识，认识新朋友。

真的，很感谢吴畏老师给我们带来这次的"语言表达与人际沟通"讲座，我从中学到了很多有用的知识，将让我受益一生。

亦悲亦喜话清明

孙德高

　　清明节，实际上就是我们说的扫墓节、踏青节、三月节等。扫墓踏青，问春赏花这些都是我们传统的农耕文化带来的习俗。清明节严格意义上是和自然节气联系在一起的。古代的清明节和现在的清明节不太一样，它是经过历史的发展，逐渐形成了我们今天所说的清明节。

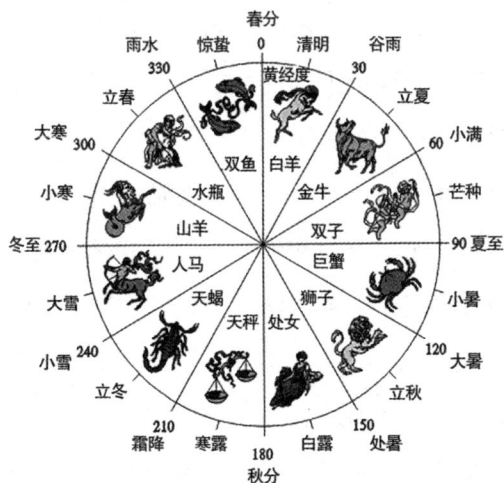

　　清明节之所以从一个传统的自然节气转换过来是和我们传统社会文化的发展，民风、民俗的发展密不可分的。所以，我今天给大家分享清明节的内容主要有以下四个方面：一是清明节的由来和历史沿革；二是清明祭祀的主要内容；三是清明节与传统文化；四是清明节的现实意义与作用。为什么我们现在还要过传统的节日？为什么传统节日在1949年后很长一段时间，国家并没有以法定的节日形式固化下来？为什么在改革开放了以后清明节、中秋节、春节作为国家的法定节日呢？它的意义何在？有什么作用？这就是我今天想和大家分享的内容。

　　清明节的第一个问题就是历史沿革。

　　传统靠观天象指导农业秩序的发展，这个功能到今天越来越弱化了，但是直到今天，二十四节气对农业气象的管理依然发挥着非常大的作用，它代表了中国农耕文化在农业科学、气象科学等方面仍居于世界前列。我们讲十二生肖、十二星座，其原理和道理，也在观天象。人说天命难违，我们冥冥之外有一个更大的宇宙系统，或者就是我们所说的天，它的四季轮回，它的阴阳圆缺，它的变化，不仅影响着农业农耕文化，也影响着我们人类的发展。二十四节气是根据人类农耕的需要、天气四季的变化而划分出来的。

　　春分、秋分正好一百八十度，三十度是一节，六十度是一季，这个划分就是清明的由来。我们知道春分过了就是清明，这是什么意思呢？西汉时期的《淮南子·天文训》中说："春分后十五日，斗指乙，则清明风至。"斗子乙就是我们所说的北斗七星，这个季节刮的是清明的风，就是我们所说的春风。因为只有清明的风才脱去冬天的寒冷、萧瑟，春天大地复苏的温暖就是我们所说的春风。万物生长此时皆清洁而明净，故谓之清明。清明节节气的含义由此而来。

印度是世界软件业的翘楚，美国硅谷从事软件的高层大部分是印度人。印度是文明古国，古印度在数学方面有相当大的成就，在世界数学史上有重要地位。自哈拉巴文化时期起，古印度人用的就是十进位制。能和印度相媲美的一个是古埃及，另一个是中国。中国人在数学、天文方面也有很高的成就。同学们如果有兴趣可以去翻一翻中国的历史书，就看看明代的记载，宋应星的《天工开物》被誉为中国古代工艺百科全书，里面所应用到的几何学、数学知识也达到非常高的成就。土圭是最古老的计时仪器，古人没有科学的测量技术，就用直立在地上的杆子来观察太阳光投射的杆影，通过杆影移动规律、影的长短来记录时间。放在窗边太阳一照，影子的长短就是时间的刻度。

土圭之后，中国人又发明了日晷，日晷主要由一根投射太阳阴影的指标。承受指标投影的投影面（即晷面）和晷面上的刻度线组成，从一天的长短的变化变成了一年四季的变化。南京天文台上至今还保存着日晷，北京也有，现在依然能用，反映出古代科学的杰出智慧。

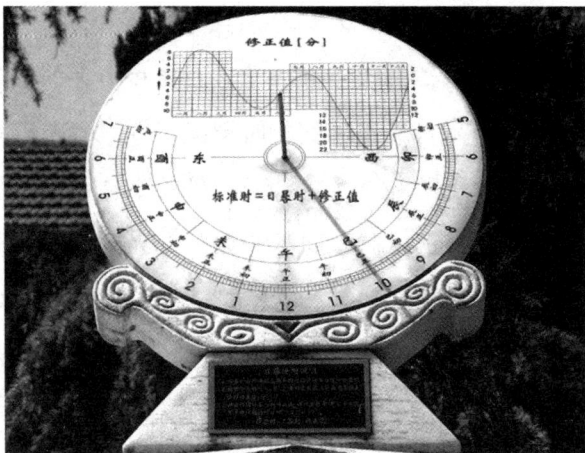

二十四节气就是计算测量时间节令变化的一个东西，这就产生了我们所说的第一层意思，清明节是自然节气，由自然轮回变化形成。这个清明节还不是我们现在意义上的清明节，到秦汉年间二十四节气已经完成，从春分到秋分，日晷显示以零度到一百八十度，分成两半，一半是十二个节气，六十度为一季。

反映四季变化的节气有：立春、春分、立夏、夏至、立秋、秋分、立冬、冬至8个节气。其中立春、立夏、立秋、立冬齐称"四立"，表示四季开始的意思。

反映温度变化的有：小暑、大暑、处暑、小寒、大寒5个节气。

反映天气现象的有：雨水、谷雨、白露、寒露、霜降、小雪、大雪7个节气。

反映物候现象的有：惊蛰、清明、小满、芒种4个节气。

这个根据是什么呢？春分和秋分是根据日照的长短来定的，到冬至那天，白天就最短。到夏天，日照的时间就长一些。到了春天，特别是立春以后，雨水变多了，慢慢变暖和了，我们才会说雨水滋润禾苗。其他像什么惊蛰也是很形象的，特别是昆虫类动物，都要冬眠，到春天暖和了，身体开始蠕动，自己就醒过来了。其他像什么春分、清明、谷雨都是和农业息息相关的。我讲二十四节气表是想告诉大家，清明节本身其实是一个自然节气，和我们的农耕农业相关。那后面为什么变成祭祀，变成踏青，变成扫墓活动呢？那是人类文明、人类文化发展的结果。

清明节的特色有三个：一是兼有节气与节日两种"身份"；二是以户外活动（扫墓、踏青等）为主；三是兼有肃穆、悲伤（在扫墓祭奠活动中）与欢乐（在踏青等游玩活动中）两种情感氛围。这种特色的形成与其来历密切相关。

从起源和形成的角度看，清明节是"清明"节气、寒食节、上巳节三者融合而成的节日。寒食节在农历三月，清明前一两天。汉代以前，寒食节禁火的时间较长，以一个月为限。汉代确定寒食节为清明前三天。唐宋时期减为清明前一天。从先秦到南北朝时期，寒食都被当作一个很大的节日。唐代时它仍然是一个较大的节日，但已开始式微，逐渐为清明节所兼并。所谓寒食节，就是吃冷食的节日。禁火的原因主要有两种说法：一种归之于上古以来特定的民间信仰；另一种说法用古人生活中的取火惯制。

寒食节有一个重要的来源，即来自介子推的传说。

介子推，春秋时期晋国人。晋献公宠妃骊姬，欲废掉太子申生，改立骊姬之子奚齐为太子，太子申生被骊姬陷害致死。公子夷吾和重耳畏惧逃亡，重耳避难奔翟。介子推随重耳在外逃亡19年。他风餐露宿，饥寒交迫，受尽苦辱，甚至还为没饭吃而为重耳献上了自己的大腿肉做肉汤，但最后却没有封得一星半点官爵，只好逃入绵山。后来，重耳终于又想起介子推，想请他进京为官，介子推不从。为逼他出来，重耳下令放火烧山。结果，烧死了介子推。晋文公对重耳深为愧疚，遂改绵山为介山，并立庙祭祀，由此产生了（清明节前一天）"寒食节"。

唐代，清明节放假七天，唐代的人们生活富裕，喜欢过节，喜欢热闹。农耕文明不像我们现在这么繁杂，当时劳动生产力低下，人们大部分的时间比较空闲，人闲了就会找一些娱乐项目，所以寒食节变得非常的热闹。寒食节的习俗主要有三项：禁火、扫墓、郊游。寒食与清明只差一天，三日禁火完毕，到清明这一天要换薪火，以柳条或榆木乞取薪火。这样，清明与寒食就连在一起，清明的换薪火活动成为寒食活动的一部分。唐朝清明前后的一系列活动是连成一片的，在名称上，称"寒食"的居多。

晚唐、宋代以后，禁火食冷之俗转衰，"清明"之称渐多。二者主要的联系有两点：一是时间相连；二是都有怀念、祭祀前人的情感诉求。这两点联系最终使清明节置换或兼并了寒食节。由寒食节的禁火到清明节的祭奠的置换，是民众在时间邻近的条件下，在生活中自然而然完成的。晚唐到宋代以后禁火的习惯慢慢衰落，因为随着人类文明的不断进步，对火的控制越来越好。到宋代，已经发明了火药，可以点燃火，也可以熄掉，需要火的时候重新点燃，安全性高了很多，禁火就不需要了。

上巳节在古代是一个非常重要的节日。据《周礼·春官·女巫》："女巫掌岁时被除衅浴。"郑玄注："岁时被除，如今三月上巳，如水上之类。"衅浴，谓以香熏草药沐浴。被禊就是岁时被除，上巳是一个时间段。三月上旬，就是三月三，找一条溪流洗澡，去除身上的污秽。

洗澡，在中国古代不是一件挺方便完成的事情，冬天洗，春天洗，夏天洗是不一样的。上巳节有万物更新、去污的含义在里边。整个冬天捂着重重的破旧棉袄，盖着发霉的被子，到了万物更新的这一天，把那些旧的、霉的全都去掉，洗涤自己，洗涤尘埃。这个哪天最好，上巳节最好，洗澡变成很有仪式感的一件事。当然后面也有发挥，就是洗涤心灵，清除心灵的污秽，把冬天的压抑在这个时候释放出来。我们像春天一样欣欣向荣，这种意思也是有的。

清明节与我们传统文化有什么意义？清明节的文化价值是什么？

这就涉及中国的两种文化，一种是礼仪文化，礼的文化；另一种是乐感文化，两者密切相关。

按中国古代的说法，国之大事有两个，一个是祭拜先祖；另一个就是守卫土地。

中国传统节日文化的背景是农耕文化，以饮食为主，价值取向是集体主义，民族文化心理追求圆满的意识。毋庸置疑清明节是华夏文化较具代表性的传统节日之一，饮食文化就是我们常说的口腔文化，比较浅薄，但是快乐。一日三餐，有酒有肉，老婆孩子热炕头。人有的时候宁可要浅薄的快乐，也不要深刻的痛苦。因为人活在这个世界上，是来享受生命感受生命的。学习的刻苦不叫大苦大难，即便经历了大苦大难也极尽欢乐。孔子说圣人是很少的，做君子的也不算多，我们只要不做小人就行了。清明节的现实意义就简单讲到这儿。

中国文化的发展有一个曲折的过程，曲折在什么地方呢？中国文化经过两次大的外来文化的改造，第一次是从魏晋时期开始，一直延续到今天，就是佛教文化。

佛教文化的输入使中国思想由形而下达到了形而上学的辩证思辨

高度。这样说，可能同学们还不太明白。但同学们在接触古籍时是不是会有这样的感觉，春秋孔孟时期的文献读起来，是不是反而浅显易懂，什么"有朋自远方来，不亦乐乎？""老吾老，以及人之老；幼吾幼，以及人之幼。"这些，我们在今天说起来也还是十分清楚明白的。可是，到了宋代以后，理学兴起，许多宋人的著作，读起来就有点吃力了。这是因为，中国古代，特别到了宋代以后，春秋儒学以血缘亲情关系的儒学，听起来都是我们身边的家常伦理，容易理解。到了宋代，理学引进了佛学，思辨色彩加重了，变成了形而上学的东西。因为，佛教也和任何宗教一样，会束缚人们的思想。为了说服人们入教，需要反反复复讲道理，这样慢慢变成了辩证思维的一种模式。这种推演、论证的模式，被理学吸收，形成宋代理学。这是一个外来文化对中华文化影响明显的例子。

第二次是五四新文化运动，西方文化对华夏文明造成巨大冲击。

五四新文化运动对中国社会转型发挥了重要作用，也对中国传统文化形成很大冲击，有人甚至用"花果飘零"来形容这个时期传统文化的式微。

从鲁迅、陈独秀、李大钊他们开始，中国的"积弱"时常和传统文化联系在一起，这是那个时代使然。新中国成立后，为了快速改变中国落后面貌，传统文化也往往被视作阻碍发展的因素，新中国成立后很长一段时间，受到冷落。

改革开放四十年后，突然发现，中国 2011 年 GDP 超过日本，成为世界第二大经济体。经济是上去了，我们再回过头一看，确实有一些茫然，那就是我们将来拿什么样的文明、文化来面对这个世界。这个茫然简要地说就是一种理论。

孟子曾说，五百年必有王者兴。从王阳明那个时代到现在差不多就是五六百年，中国现在确实面临一个机遇和挑战并存的艰难时刻。这个艰难不是一般的艰难，机遇也是前所未有的机遇。人类的发展此起彼伏，西方以蒸汽机为代表工业革命造就的工业文明，引导世界也有几百年了，到今天依然发挥着主要作用。如果放在历史的长河里，古巴比伦、古埃及、古印度文明都衰落了，唯独中华文明硕果仅存。中华文明源远流长，大家如果关心国际政治就会知道，按美国高盛智库估计，最早在2030年，我国的GDP超过美国是大概率事件，中国将成为世界最大的经济体。

当中国经济站在世界巅峰时，我们又怎么去对待世界？美国靠核武器外交，靠好莱坞文化，中国拿什么去面向世界？我们的传统文化确实有精华的东西，当然也有糟粕。

所以清明节的意义，把它和文化联系起来，传统节日是我们学习和继承传统文化的一个最重要的手段和方法。任何一个民族，任何一种文化都需要传承，文化靠思想靠学说，更重要的是靠仪式，靠方法。

没有仪式，没有方法，中国文化绝对是空中的楼阁，水中的浮萍。

今天我就讲到这里，谢谢大家。

录音稿整理：2019级早期教育2班　曾彦菊

作者简介　　**孙德高**，博士、教授，贵阳学院文化传媒学院院长、贵州省王阳明学研究学会副会长、中国志愿者学会理事、四川师范大学大西南文学研究中心学术委员。1982—1986年在西南师范大学政治系学习并毕业，获法学学士；1989—1992年在吉林大学日本研究所攻读硕士研究生，获文学硕士；2002—2005 年在武汉大学文学院攻读中国现当代文学专业博士生，获文学博士。主要从事中国思想史、文化史研究。主持和承担多项国家社科基金和省长基金课题，著有《王阳明的事功与心学》《阳明文化读本》《唯美的选择与转换》等专著，担任省内多家电视媒体特约嘉宾，担任多次国际国内大学生辩论赛评委。在省委党校、省委组织部干部学习班、团省委干部学习班开展多场学术讲座。

学生课后感文章选录——

诗意融融的清明节

2017 级软件与信息服务班　曾凡艳

跟随着春天的脚步，清明节即将到来。

清明节是我国的传统节日，也是最重要的祭祀节日。

清明节是中国传统文化的重要组成部分，有着丰富的值得我们传扬的民族文化内涵。这些内涵里面，体现了对故人的缅怀，对自然的崇尚，对生活的热爱。清明诗词里，有悲有喜，悲喜交加，且"喜"的成分大于"悲"的成分。

春光明媚，桃红柳绿，一切都是欣欣然的样子，"天街小雨润如酥，草色遥看近却无。最是一年春好处，绝胜烟柳满皇都。"唐代大诗人韩愈在《早春呈水部张十八员》中如此赞美春天。天朗气清，人们也脱去了厚重的棉衣，摆脱了冬天的困倦，变得神清气爽、心情舒畅。清明，天时、地利、人和，是踏青、游玩的好时光。虽说清明时节雨纷纷，但沉醉在春景中的人们是不怕雨丝纷扰的，反而因为春雨蒙蒙，一切如梦如幻更增添了几分意境。有人喜欢在春雨中赏花观草，玩得不亦乐乎，怕雨的人只要雨一停，立即踏出家门，加入春游的队伍中。春雨如丝，滋润得百草转青，群花怒放，到处生机勃勃。漫山遍野，万紫千红，好一派清明景象。

而清明节自古以来就是我国传统的祭祖节日，唐朝诗人杜牧的《清明》是一首无法绕得过的经典。"清明时节雨纷纷，路上行人欲断魂。借问酒家何处有？牧童遥指杏花村。"春雨、行人、牧童、杏花村、酒家等构成了一幅诗意盎然的清明思亲图。

为什么古人把扫墓祭祖和踏青赏花一悲一喜两件事结合在清明节这一天同时进行呢？据说，清明节和寒食节原本是两个节日，清明节重在踏春、寒食节重在祭奠。寒食节的传说比较悲壮：春秋时期晋国大臣介子推和母亲为逃避晋文公的封赏逃至绵山，却被晋文公无意烧死在绵山，晋文公为了纪念介子推把绵山改名为介山，介子推的忌日全国禁火寒食，这就是寒食节的由来，这个寒食节的故事在春秋以后历朝重要典籍中都有记载。清明节原本只是一年二十四个节气中的一个，此时，春气大转，地气渐暖，万物萌发，百花开放，蛰居一冬的人们趁着一天的春和景明，纷纷走出家门，享受春天的阳光和美景，所以又叫踏春节。特别是一些文人墨客，结伴出游，诗酒唱和，吟诵作对，其乐融融。本来清明节和寒食节是两个截然不同的节日，巧就巧在寒食节正好在清明节的前一天。而这两个节日，朝廷照例都是要放假的。《唐会要·卷八十二·休假》中有记载："寒食清明，四日为假。"《中国传统文化大观》中也有记载："大致到了唐代，寒食节与清明节合二为一。"

也许是偶然，也许是巧合。一个因为报恩而不得的故事诞生出一个祭奠重节，却恰恰赶在了赏春游玩的清明节前，让本来清巧明丽的清明节增添了几分忧思、哀切。宋朝的黄庭坚在一首诗里如此说："佳节清明桃李笑，野田荒冢只生愁。"不管怎样，清明节作为祭祀节日已不可更改，而人们也习惯了在清明节踏青游玩。也许把清明节和寒食节放在一起的创始人，就是想赋予清明节更庄重的氛围，提醒人们在赏玩之际不可忘了先人。懂得感恩、纪念、忧思，不可被春天的美景迷惑了心智，保持"清明"的心态、"清明"的魂魄、"清明"的人生。

提起一年一度的清明节，杜牧悲凉凄切的《清明》绝句总会涌上心头。

所以我们的祖先非常重视清明这个传统节日，他们不仅十分尊崇积极参与，也为这个节日留下了许多长章短句。清明是激发文人墨客诗兴的最好契机，他们感慨尤多，灵感顿生，诗兴大发，咏者甚多。据查，仅《全唐诗》就有唐玄宗、张说、杜甫、韩愈、柳宗元等名人名家诗词三百余首吟咏清明，宋金元词曲也有一百余首，成为中国诗歌艺术中一枝奇葩。

这些众多的清明诗词歌赋，大致可分为三类：第一类是扫墓的，这是最为打动人心的一类；第二类是怀人的，他们每逢佳节倍思亲，所以在清明节里，总会思念起远方的亲友；第三类是踏春的，清明时节桃红柳绿，风光如画，他们总会相邀去野外赏春景。

在追思与缅怀中感悟

2018 级学前教育 14 班　蒋爱师

清明节的起源，据传始于古代帝王将相"墓祭"之礼，后来民间亦相仿效，于此日祭祖扫墓，历代沿袭而成为中华民族一种固定的风俗。

清明节又叫踏青节，在仲春与暮春之交。

中华民族传统的清明节大约始于周代，距今已有二千五百多年的历史。清明最早只是一种节气的名称，其变成纪念祖先的节日与寒食节有关，晋文公把寒食节的后一天定为清明节。

唐代诗人杜牧有这么一句诗"清明时节雨纷纷，路上行人欲断魂"。又一个清明节，又一个缅怀先烈的日子。贵阳学院文化传媒学院院长的"亦悲亦喜话清明"讲座，让我心潮起伏，思绪万千，也让我了解了清明节。

扫墓，是清明节最早的一种习俗，这种习俗延续到今天，已随着社会的进步而逐渐简化。革命先烈们有的为了民族的独立和国家尊严献出了宝贵的生命；有的为了彻底埋葬旧世界，建立社会主义新中国前仆后继，英勇作战，抛头颅，洒热血；也有的在和平建设时期，为了祖国的繁荣富强而献出青春和热血。

"桃花雨红英雄泪，碧海丹霞志士心。今日神州看奋起，陵园千古慰忠魂。"在中国这片热土上，有无数仁人志士，为了民族的解放，国家的独立和人民的幸福，英勇献出自己宝贵的生命，谱写了一首首悲壮激越的历史史诗。我们怎能忘记那一张张鲜活的面容，让我们静静地追思，深深地缅怀，把最深情的思念和崇高的敬意，寄托在这鲜花和话语中……

英雄们的事迹在脑海中浮现。的确，他们用行动注解了对人民的赤诚；他们强悍的手臂永远指向远方。太阳从东方升起，照耀一个民族的昨天、今天和明天。

我们要以先烈为榜样，深切缅怀先烈，牢记历史，明晰党史，双肩担使命，心头记责任，努力学习，刻苦钻研，把握现在，为祖国建设贡献力量，让我们的祖国变得更加繁荣昌盛。

通过聆听"亦悲亦喜话清明"讲座，我想到了我们现在的美好生活真是来之不易啊！我们之所以能够享受这和平年代所带来的温馨、舒适的日子，全是靠革命先辈用生命去拼、用鲜血的代价换来的，而这么宝贵的日子，我们理应倍加珍惜，勤奋学习，积极向上，长大以后做祖国的栋梁，承担革命先辈的责任，继承革命先辈的遗愿以及光荣传统。

回想过去，我真惭愧，父母给了我良好的读书环境，而我在这么安逸的日子里却没有用心读书，而是去玩网络游戏，沉迷于虚拟世界里，没有好好珍惜这来之不易的机会，还让父母伤透了心，操碎了心。正所谓"百善孝为先"，从这点中，我就已经不孝了，还谈什么将来？

幸好我的父母明智，把我送到这充满阳光、充满希望的幼儿师范教育学校来。我很感谢我的父母，他们没有放弃我，让我做一个阳光少年。因而，我要以革命先辈为榜样，珍惜现在的幸福生活，好好做人，无论遇到多大的困难，都不可以被打倒，因为我相信"狭路相逢勇者胜"！

人生漫长的旅途不会停歇，老人的白发是清明节最醒目的问号，孝顺与赡养是唯一正确的选择，是中华子孙对清明的最佳诠释。让孝敬之心日日在，坚持善待自己的父母与老人，只有这样，在暖春四月的某个清明，当你立于拂起万千愁绪的和风中，面对死气沉沉的墓碑时，才不至于发出空余幽幽的哀叹和无边的自责。

红枫湖·百家讲坛

▽

第三十期

走进童年世界·领略别样精彩

顾 久

主持人：贺永琴教授

亲爱的同学们，老师们，大家下午好！（鼓掌）

童心无瑕、童心无价。童心是幼儿教师的一个特质和最基本的一个素养，也是我们教师和学生能够实现高质量师幼互动的一个前提，可以说它是儿童教育的根和魂。在幼儿教育当中，我们认为教师、幼儿的心灵连接点之一就是童心。拥有童心的教师，更具有和幼儿心灵接近的亲和力，能够和孩子一起去追逐并实现梦想。

今天我们非常有幸地邀请到了贵州师范大学教授、贵州历史文献研究会理事长顾久老师做客本次的"红枫湖·百家讲坛"。顾久老师是著名的文化学者、社会活动家，曾任贵州省人大常委会副主任、贵州省文联主席、省文史研究馆馆长等职务。他也是第十届全国人大代表、全国政协委员、民盟中央十届常委贵州省组委。下面让我们用热烈的掌声，带着我们自身的那一颗童心，和顾久老师的童心一起去碰撞，一起放飞我们的梦想，一起去追逐我们给孩子的那一份童心，让我们用我们的童心，一并去共享我们今天下午的这段欢乐的时光（鼓掌）。

主讲：顾久

非常荣幸，能跟大家一起来交流一下。我知道你们很疲倦，我一进来看见大家很累的样子，这个时间应该是睡午觉的时候是不是啊？（对）。啊，好可怜！我特别特别抱歉，我很担心浪费大家最美好的睡午觉的时间，今天这个话题叫"走进童年世界·领略别样精彩"。怎么走进这个世界去，走进孩子们的世界，领略到孩子的那份精彩。

下面我想跟大家一起来了解几本书，读几本书。主要围绕三本书，第一本叫《小王子》，第二本叫《孩子是个哲学家》，第三本叫《儿童精神哲学》，咱们一起来了解这三本书。

介绍书之前咱们先聊一部电影《狗十三》，听说过吗？狗十三变成了懂事的大人，她把童年、少年跟大人做了一个比较。原来我们都是这样长大的，原来所有的人都是这样长大的。张雪迎演得非常好，这个片子出来以后就被封杀了五年。为什么要封杀它？（学生：因为内容太过真实了，引起了极度的不适）真好真好，你回答得非常漂亮，它因为太真实，所以它是立体的。立体的可以从四面八方来解读它，一方面从家长的角度，会骂孩子们越来越不懂事；另一方面从孩子的角度会说大人们越来越不像话。上百度，我发现绝大多数观众的感受是压抑，没看过的建议大家看一下。一开始那个镜头挺好的，晚上加班读书，肚子饿了泡一包方便面，舌头伸出去慢慢吃。镜头从外边儿拍进去有铁栏杆，就像一个坐监牢的人。这个镜头的生活化给我两个感受：一是孩子像生活在监牢里；二是没有妈妈给她煮饭。给你一个暗示，她现在没有妈妈。特别真实，特别压抑。

影片讲的其实是父母离异后，老爹与别人结婚生了第二个孩子，突然觉得女儿孤单，就给她买了一条小狗。孩子本来不爱这条小狗，但是小狗还拼命地黏上去，于是她天然的母性萌发，给小狗取了一个名儿叫"爱因斯坦"。她为什么要给它取名叫爱因斯坦呢？为什么不叫达尔文呢？（学生：因为她喜欢爱因斯坦）因为她喜欢物理课，崇拜爱因斯坦，她梦想的人生榜样就是爱因斯坦，所以她给小狗取名叫爱因斯坦。后来爱因斯坦丢失了，爷爷出去找，结果她推了爷爷一把，爷爷的腿摔断了。看见她如此爱狗，如此逆反，后妈出主意，买了一条一模一样的狗来取代先前的那只狗。但这只狗她第一眼看上去就不像爱因斯坦。后来有一天在饭桌上聊到新弟弟，爷爷说：男孩子要好好给他取个名字。这句话暗暗地又伤害了她——男孩儿女孩儿在爷爷心目中是不一样的，她的名字也是爷爷起的，叫"李玩"。她心底感到这个世界不公正。

我们每一个人都生活在自己的世界里，我们要走进任何一个人的心灵，都不是那么容易。在单位，人和人之间要相互走进心灵不容易，有了家庭以后要走进爱人的心灵也不那么容易。以后有了孩子，大人和孩子之间要相互走进心灵，一定意义上说都是一件十分艰难乃至可能一辈子也做不到的事。我们每每用自己的标准去衡量这个世界，它也用它的标准来衡量着我们。每个人都只能生活在自己的世界里，要步入别人的心灵很难很难，哪怕是生活了一辈子的夫妻。

但通过阅读，通过思考，或许我们更容易走近别人，特别是我们每个人都需要走进孩子的心灵，不仅因为你们的职业需要，以后你们还要结婚，还要有自己的家和孩子。你会发现两个孩子天生就不一样，不光相貌不同，性格往往还天差地别。从来不会有俩孩子一模一样。为什么两个孩子会不一样？遗传。你们知道一个人身上有多少个基因吗？父亲身上一共有23个，母亲身上也有23个。共46个，其中有2

个是管性别的，另外44个就像44张牌，生了这个孩子，再生个孩子，上帝把那44张牌重新洗一遍，所以就都不同。

"领略""走进"是我们今天的关键词。在传统的目光里边，童年的唯一价值就是等待着长成大人。他是不懂事的，他是这样不完美那样有缺陷的，我们大人要耳提面命，慢慢地把他塑造成大人。这是传统的观点。但是通过阅读以后，你能发现童年本来就有它独到的美好，有它特别的精彩。我从《狗十三》讲来，就是希望我们都能走进孩子们的心灵，通过阅读进入心灵，领略那份精彩和美好。

第一本书叫《小王子》，想必在座的很多同学都读过，这本书一共多少字？产生多大的影响？讲了什么样的故事？它为什么这样讲故事呢？回去再好好读一遍。法国有一个先贤祠，在几百年上千年的法国历史中就收了几十个人到里面去，其中的文化名人有伏尔泰、卢梭，作家有雨果、大仲马。大仲马该不该进先贤祠，是由总统发动，全民公投，大家觉得应该进，最后总统亲自和其他几个要员扛着他的遗体送进去，而《小王子》的作者就被放进先贤祠了。天上有颗小行星，是法国人发现的，这颗小行星就是以该作者的名字——圣·埃克苏佩里——命名的，法国人认为他是法国史上较伟大的作家之一。

童年是盼望奇迹、追求温情、充满梦想的时代，对比之下，大人死气沉沉、权欲心重、虚荣、肤浅。那么人干吗要长大呢？因为，每个人只要活下来，都会长大。

这本书是想说，大人应该以孩子为榜样。这在西方是一个从古到今的观点，一个曾经时髦的观点叫"儿童崇拜"。《小王子》就选取了一个孩子看世界的角度，用孩子的童真、好奇、了解这个世界的欲望。尤其是想对那些童心未泯的成人说，让他们借着小王子的想象力，暂时忘记属于大人世界的欲望,飞回童年,反思现实,发现人生的真谛。可惜中国人不太喜欢这个事物,翻译家翻译完了之后,他搜索所有的发表论文的地方,结果只有13篇论文谈及此书,中国人走不进小王子的心灵,体验不到他的真情。

书上说,小王子访问六个小星球,先后遇到了国王、虚荣者、酒鬼、爱做生意天天算星星的人、一个掌灯的人、一个地理学家。这些人虽然各自有各自的荒唐,有的权欲熏心,有的爱慕虚荣,有的颓废贪杯,有的财迷心窍等,他们丧失了一个儿童内心的安宁和快乐。他在第四章讲到了地球上的成人世界的荒谬,大人特别热爱数字,如果你告诉他,你结识了一个新朋友,他从来不问这个新朋友有什么独特的个性,他最喜欢什么样的游戏,等等。只问他们家有多少钱?他个子有多高?他的房产值多少?如果一个孩子看见一栋房子,房子上面有鸽子,鸽子的下边还有天竺葵长得非常漂亮,这孩子会说这房子好漂亮;大人会说,快走快走,老在那儿站着干吗?但是如果孩子对他说,这栋房子是用100万法郎买的,大人会站起来瞪大眼睛说:"哇,好漂亮!"这就是大人跟孩子的不同,孩子能够看到真正美好的东西,而成年人每每用一个世俗的标准,他只能根据成人世界的标准来看待世界。

该书后面还讲到一只狐狸,还记得吗?谈到"驯化"。什么是驯化呢?(学生:人与动物相处久了之后会产生一种情感方面的价值)对对对,你讲得很好。动物对我们是陌生的,但是,当你关注它,它也依恋你的时候就建立了一种联系。你跟这个动物之间本来是萍水相逢,但是建立联系以后,你就有了动物的世界,动物也有了你的世界,两个世界互相交融,于是产生了真正意义的爱。所有的人,所有的事物,只要你认真去观察它，心心相印，你就会发现它的意义。人生本来没有什么价值和意义，是我们的关注、我们的爱心与追求，赋予了它意义。

海德格尔是当代伟大的西方哲学家之一，他有什么样的思想呢？他认为人生没有价值，一定意义上说人到这个地方不是因为你爸爸妈妈想要你才有了你，而是两个人的结合，偶然地把你抛进了这个世界，不是有意识的而是偶然的，他用了一个词叫"抛"，把你扔进了这个世界。这是西方人的观念。中国人从来不这样看，中国人从来都认为父子之间、母子之间有一种天然的爱。

西方人怎么看家长跟孩子的关系呢？西方人认为美好的世界在天堂，人间这个世界是不完美的。家长们没有跟你商量过就把你扔到这个不完美的世界来，所以他有责任把你养到 18 岁，养到 18 岁以后，就恩断义绝，他完成了他的责任，这是西方人。所以西方人不提"孝道"这两个字，西方人到了 18 岁如果还向家长要钱，一般情况是要写借条的。就像一个动物妈妈，孩子长到一定时候要把他赶出去一样，这才是规律。

抛进这个世界，过去你不懂事，哪一天你懂事了，你会发现我们前边面临着死亡，每一天、每一时、每一秒都在不断地走向死亡，于是他就问自己：人生还有意义和价值吗？活在世界上有什么价值？有一次海德格尔上课讲亚里士多德，亚里士多德是一个伟大的哲学家。结果这个老头儿上去后用两只手撑着讲台半天就说了一句话：哪一年他出生了，哪一年他工作了，哪一年他死了。学生问："如果出生、工作和死就是他的一生的话，每一个人不都有出生都有工作都有死，如果每一个人都这样，那么亚里士多德还有什么价值意义呢？"他回答：

"对，人生本来就是没有意义的。"这就是存在主义。活着的最本质的特征在他们看来就是"烦"，前几年文化衫上经常写一个"烦"字，就是存在主义的思想。

所有的人，你只要活着，就有两种选择：一是"沉沦"，二是本真。我们过去说"沉沦"是骂人的话、是贬义词，但海德格尔专门说我讲的"沉沦"不是贬义词。最近有部电视剧不知道大家有没有看过，叫作《都挺好》。《都挺好》写的就是这个沉沦，每一个人都得活在这样的细琐、无聊、矛盾之中，这叫"沉沦"。但是人类真正的价值不在沉沦，而在寻求"本真"，每个人都要活出自己的本真。海德格尔的人生哲学就讲到沉沦与本真是两种状态。而他说的本真，我以为就类似于人类的童年状态。什么是人的童年状态呢？就是你们当孩子的时候，你们会去算账吗？你们会去迎合这个社会里边哪一个官员吗？但对不起，以后你们得慢慢学会算账，你们得学会看领导什么表情，要不然就活不下去，沉沦就是这个意思。一方面要"沉沦"，但另一方面我们还要追求自己的本真状态。海德格尔从这个思想出发，他认为《小王子》是一部非常伟大的存在主义小说，乃至第一部存在主义小说。要读懂这本书，估计要四十岁以后，最好受到一点儿生活的波折以后，你再读《小王子》，大体就能读懂他想要说什么。

第二本书叫《孩子是个哲学家》。这本书封面上有个副标题叫"重新发现孩子，重新发现自己"。腰封里边说请大家追随意大利著名的哲学家、心理学家皮耶罗·费鲁奇睿智优美的文字，以孩子为师，重新发现生活的宝藏。皮耶罗是意大利普遍的姓，这个人是一个精神治疗家，哲学家。他1946年出生，1970年毕业于都灵最著名的大学，作为心理治疗师执业三十多年，成就卓著，被誉为当代欧洲精神心理学的领导者之一，写了这本书——《孩子是个哲学家》，此书共有十四个章节。他有两个孩子，他在跟孩子们相处时，从孩子的脸上和性格里读自己，从中发现智慧，从孩子身上学到生活艺术，一共讲了十四点。

其中有一点说，孩子对世界的专注，引导我们学会活在当下，用全身心去付出。故事里的小男孩儿特别调皮，有一次全家都很累，皮耶罗与他的妻子分工，妻子负责做饭，皮耶罗负责跟孩子玩。跟孩子玩儿是个苦差事，孩子不停地跳。边跳边说："看着我跳，看着我跳。"他很不耐烦，眼睛看着电视屏幕。结果孩子很不耐烦："爸爸，你咋不看着我，这次跳和上一次跳不一样。"他就把眼光收回来，认真地看着，发现每一次跳，孩子都在想出一个新意，都想超越自己做得更好。他很感动，他发现自己不像孩子那么专注于一件事。

还有一点，从孩子执着于自己的方式，开始学会不带期待地跟他人相处。我们做什么事总是带着固有目标、带着一种期待去做事，但是孩子不会，孩子喜欢就是真心地喜欢它。他从孩子天真无邪的创造性之中，学会摆脱过去和荆棘的牢笼，从与孩子的接触当中发现之前未曾意识到的自己的另一面。孩子的负面情绪折射父母的潜在情绪。比如说，父母是暴烈的，当你要求一个孩子做什么时他也会暴烈。当孩子脾气不好的时候，请你把他作为一面镜子，你会发现其实孩子所有的缺点，或许都是父母投射过去的。有一个伟大量子力学诺贝尔奖得主，认为人的生命都是由原子组成的，原子组成分子，分子组成大分子，大分子最后组成了蛋白质。所有的分子都是自由的，分子因为自由，所以当你滴一滴红墨水到一杯清水中去，慢慢地，这杯水的每一个角落，都染成同样的颜色。但如果你滴一滴红墨水到杯子中，你一旦发现水中间形成了一个固定的圆形或方形，不往外扩散了。它突然变得有序了，分子不再自由了，而是被外在的力量形成一种秩序。并且这个形体还不断地复制自我。什么叫生命？薛定谔说这就是生命，从无序中间突然变得有序的原子与分子，需要获取能量来维系它的秩序与生存，不停地复制着自我，这就叫生命。

给大家讲一个真实的故事，我女儿在美国读完了硕士读博士，读完了博士读博士后，现在在一个大学里教书。在她读研究生的时候，导师给她讲了一个故事，现在大家都需要能源，所以烧煤烧汽油等化石能源。煤和汽油有一天是会烧尽的，因为要掌握石油能源获取能量，所以美国特别重视中东。但是太阳光照在水草上，水草能够用水和太阳光不断地分解出氢气来，如果人类能够发明一种材料，让水和太阳光发生裂变产出氢气，再把氢气收集起来，氢气就将取之不尽、用之不竭，或许，人们就不用打仗去攫取能源了。她们现在做的就是这项工作，就像一个梦，就像一个童话——童话般的想象变成了女儿的研究对象。

《孩子是个哲学家》的作者每天上班以前会跟小儿子艾米里奥玩一小会儿，有一次临走前，儿子在作者额头上贴了一张纸片：一个小丑在吹喇叭。走在外面，人们的眼神似乎觉得有什么东西发生了，有趣但又不愿意点破。直到傍晚开车回家的路上，作者下意识地摸额头才发现，那个小鬼头在父亲的头上贴了一张纸片，他顶着这张纸片干了一天的活儿。我们都知道，每一个人都有一个社会规定的职业角色，不知不觉都被这个社会设计成了一个东西。但这孩子用一张纸片，一下子就让父亲变成了一个孩子，或者一个跟孩子玩的父亲。那一整天，别人心目中都把他看成一个跟孩子在一起玩的父亲而忘了他的社会角色。我们都附着在自己的角色里，最终会误把别人目光中的自己当成我们真正的身份。我们在扮演一个角色，我们这一辈子就像演戏一样地不断表演了一辈子。以后大家出去当一名老师也好，校长也好，人们也会把你当一名老师或校长，不知不觉我们就变成了一名老师或校长，这一辈子我们就贴上了一个角色的标记，没有了自我，被社会规范，这个理论叫作"社会学角色理论"。我们自己变成了外壳，变成了社会的一个外壳，不再是自己，这种虚假的不完全的自我掌控了一切。

有一次，我从美国回来，在飞机上坐了 13 个小时，椅背上可以看电视。有部片子叫《记住》，讲有位老人患阿尔茨海默病，一天在养老院里突然大喊他夫人的名字，服务员走过来悄悄讲了一句："大爷，你爱人死了一个月了。"他愣了一下惊坐了起来。服务员把他领到食堂吃饭，座位旁边是他的一个老朋友，服务员介绍他老朋友叫什么名字，她以为老人忘了，结果老人觉得伤了自尊，非常生气："你干吗讲这个？我认识他。"两个老人在一起非常神秘地讲了一番话："你还记得你的使命吗？"两个老人都在纳粹集中营里被关过，他们发誓以后要报仇。那时还有几个当年的德国狱吏没有被法律审判，但经过他们的人肉搜索找到了，他们曾发誓临死前要把这些人打死复仇，而另一个老人的两条腿已经瘫痪，只能寄期望于他—— 一个有健忘症的老人。这个人写了几张纸条交给他，要他认真揣在内衣口袋里面，然后假装他失踪了。

有健忘症的老人逃出养老院，一路健忘，但一路强行记忆，不时掏出张纸条来看看。他坐到火车上，座位对面坐着一个漂亮的小女孩儿，他显出老大爷的姿态摸出糖来给那个孩子吃。打个盹儿以后他看着小女孩儿却突然变得很凶狠，说："你干吗偷我东西？"对面那家人怀疑老头有病，下了火车后还专门等着他说："我们能帮您做什么吗？"

他很坚决地说："不需要。"这时出租车司机过来问起他的名字，老人摸出纸条看一看提示上了车。到宾馆换上衣服，到商店买了一把什么枪。老人摆弄手枪看来非常熟练，但是他怕自己健忘，就要求卖枪的人用一张纸片写下怎样开枪。然后揣着枪到了另一个城市，开始了他的复仇计划，找到了第一个老人。

这个老人已经不能站立了，主人翁走到病床边看了一眼，把门关上，掏出枪来对着那名患者。但那个人却提醒道："你忘啦？你看我这儿刺字是多少号，我本来是一个被关在里面的受害者呀。"于是他的枪移开了，吻了一下那个人。

于是，他又很艰难地来到另一个地方，虽找到了复仇对象，但已死掉，然而此人的儿子却还保存着纳粹的所有的衣物，养了一条凶恶的狼狗。对话中老人知道他仰慕纳粹的身份后，掏出枪来把他和狼狗都打死了。但是，最后故事突然逆转，找到了最后一个真纳粹。这个人看见他显得很高兴，说："你忘了我们俩一起逃出来在身上刺的字，我们俩都是狱吏，但是你扮演了后半生的受害者。你忘记了一切。"他把自己的纳粹身份忘了，扮演了一段时间后就以为自己是受害者，来复仇。最后他的精神一下子分裂了，他艰难地拔出枪来，把最后一个真纳粹打死，想一想，用枪对着自己，自杀了。

这是一部非常深刻的片子。当一个人扮演的时间长了，他就把扮演的角色当成了自己。

所以，我建议大家读一读《孩子是个哲学家》这本书，面对孩子，你可能会有一个新的发现。有一位名叫梁变云的老师读了这本书后写了一篇非常好的读后感：这本书是一场对生命的重新发现之旅，你会跟随作者的思想，觉察和反思我们在陪伴孩子的成长历程里，究竟是我们在引导孩子还是孩子在引导着我们，那些曾经让我们忽视让我们烦躁抓狂的亲子经历，恰恰是我们从孩子身上学到的生活艺术。

另外，这本书还讲了以下几点：

第一，关注孩子的内心想法和深层次的原因，不要威逼利诱。

这本书有一处最打动我的，是当艾米里奥拒绝洗头的时候作者表现出来的关注和耐心，劝说、吼叫、解释、威胁是过去我们对孩子不听话的时候常用的方式，也是绝大多数老师和父母面对孩子不听话时使用的手段。但是，作家看到孩子之所以抗拒洗头，是因为他曾经溺过水呛过水，他恐惧。他懂得孩子，于是他慢慢消除了孩子的担心，最后孩子很高兴地洗了头。作为一个精神分析师，走进孩子的心灵再引导他的心灵，这是一个让生活变得简单有趣的方法，从而直达事物的核心。这个爸爸他做到了。

第二，家庭的系统里边，除了夫妻这个大人系统与孩子系统之外，还有一个夫妻和孩子共同营造的氛围系统。

另外一篇叫《一切在于你》，作者写到孩子能够清晰直接地感受到我们内心最深处的隐秘情绪，瞒不住他们的，他们能比我们更深更敏感地把这些情绪表现出来。比如，夫妇不当着孩子的面吵架而是冷战，孩子对于冷战的理解和感受，比夫妻俩还要深刻和痛苦。他不是不懂，他是懂的，孩子会感知到父母的不和谐，会让他心跳加快、心神不宁。

第三，孩子就像一面镜子，照出我们自己的美和丑、善与恶。在这一篇里，通过艾米里奥告诉我们，孩子其实是我们的镜子，通过孩子的行为照见我们自己身上存在的毛病、成长的经历以及我们自己曾经的痛苦。

父母是孩子的第一任老师，在孩子的成长过程中我们的行为处事，往往在不经意之间，深深地影响和内化为孩子的观念行为。

我给大家讲一个发生在我们家的真实的故事。我们家过年一般不拜年，特别不到当政的领导家去，从来没去过。但是我们会去看望一个孤老，这个老人住在瑞花巷的尽头。瑞花巷是一个卖菜的小巷子。大年初一那天恰逢下雨，我们带着孩子去看这个孤老，那时，我孩子很小，大约两岁的时候，我们穿着很干净的衣服。走到半道上，突然看见一个男人也穿着新衣服在泥水中打滚，不断抽搐着口吐白沫。我夫人是个爱帮助人的人，就说："哎呀，顾久哇，你伸手把这个老人抱起来吧。"旁边一个老人听了也很感动，赶快抬了一把竹椅子。我正要去抱，结果那个老人说："男人倒下，要女人抱。女人倒下，要男人抱。"据说这是科学的道理，于是我就不好抱了。我夫人说："我来吧！"她把那件干净的外衣给脱了，把那个病人抱了起来，让他坐在椅子上。

这件事，后来我们忘记了，但孩子没忘记。孩子小学一年级开始写作文，第一篇作文题为《我的妈妈》，她讲的就是这个故事。孩子发现了一个细节，那个发病的人，当他坐在竹椅上，伸出发抖的手时，让孩子感受到这个人其实想说"谢谢"。由此我们发现，我们的一言一行一举一动，对孩子的影响比理性的说教作用还要大，因为这才是真实的你。

过后，女儿到外地上大学，第一次放假回来，她自己设计了一个广告做兼职家教，内容包含她是哪个学校的，能够补哪个学龄段，能补习哪些科目，她在街上打坐，最后找到三个家教工作，那个假期挣了 800 块钱。其实我们家不需要这个钱，但是我不阻拦她在外面试一试自己的能力。那这 800 块钱怎么用呢？300 块钱给她妈妈买了件衣服，剩下 500 块钱。她对我说："爸爸，你把这钱捐给一个爱读书却买不起书的农村女娃吧，以后每个学期我都拿出 500 块钱资助她读书。"这个小女孩儿姓张，我们资助了她很多年。后来这个女孩儿考上了大学，现在已经嫁到了甘肃，有自己的生活了。

因为妈妈喜欢帮助人，孩子也会养成乐于助人的优秀品质。有一次她回家来，我拿了 1000 块钱给她："你要买什么东西自己买。"孩子拒绝了，后来我把钱放在柜子的里层方便她随时去取。第二天我看钱不在了，我以为她拿去用了，临走的那天她又把钱原封不动地还给我，她说她不需要钱，叫我把这个钱拿去资助那些需要的人。

第三本书叫《儿童精神哲学》。我读这本书读得荡气回肠，茅塞顿开。作者是一个教育学博士，叫刘晓东，南京师大道德教育研究所的研究员、南京师范大学教育科学学院教授、博士生导师、全国第十届青年联合会的委员、浙江师大儿童文化研究院兼职教授。他研究的是儿童哲学、教育哲学、文化哲学和学前教育学。尽管他年纪不大，但是他的文章我几乎都想方设法找来读，因为他打开了我这个年纪的人的视野。《儿童精神哲学》这本书很精彩，几乎每一章，除了学术以外，行文都很优美。

第一章就叫"走进儿童的精神世界"，可能受他的影响，也可能受丰子恺先生的影响，所以今天我主讲的标题叫作"走进童年世界"。因为人很难走进别人的世界，走进儿童的精神世界是他的序言。其中有成长导论，儿童怎么认识这个世界，怎么看这个世界，很有哲理。儿童道德怎么来的，不一定是你我教的，儿童的审美跟大人又有什么不一样呢，儿童的梦想，儿童的精神现象的历史生成，这个比较深奥，但是特别有价值，儿童精神现象有着永恒的魅力。

书中有几段话特别打动我，他说文化的内核是生物的，每一个文化人在本质上就是一个生物，每一个人就是一个动物，是逐渐演变过来的动物。比如说，为什么十八九岁以后，男孩子会关注女孩子，女孩子会关注男孩子，这本来是一个生物的现象，但是关注以后还不好意思正面地关注，偷偷看一眼脸还会红。于是只好用那种爱情歌曲来宣泄自己的感情，这就叫生物的东西，被文化的东西化了妆。

所有打架的野兽、动物都是雄性的，往往都是为了谈恋爱而打架，打架的时候雌性都会在一边旁观，很冷静。为什么呢？谁打赢了跟谁走？说明胜利者身体好，靠得住。另外有些雄鸟会收集一些漂亮的宝石、花儿，谁的花儿最漂亮嫁给谁，为什么呢？生存之道，这是生物需要。但是，我们在上边附加了很多文化的东西，化了妆。我们认为自己是很自由的，特别是恋爱，比起过去我们父母那代，爷爷奶奶那代，我们是自由的，因为那时是媒婆来谈，不是你见面，是他们见面，见面完了觉得好，才叫你去看，都是他们说了算。现在相对自由，但是自由其实是被束缚的，被你的角色所束缚。

比如，前一阵有一个要饭的男人，人称"犀利哥"，很帅，个子很高，身材也很好，大胡子长头发。但我没看到哪一个女孩子真爱上他，嫁给他。为什么呢？要爱上一个人，情窦初开就没那么纯洁，其实早就算过经济的、社会的、文化的账，在父母和闺密面前是否带得出去。把所有账都算完了，你才会情窦初开，这就叫束缚。结婚的婚礼更不是你自己设计的，那早就被设计过，从这个意义上说我们不过就是一个社会的角色。所以，他说文化的内核是生物的，生物的东西被文化的东西化了妆。这句话让我从生物角度看文化，很深刻。

人类个体几乎全开放的基因编码系统，决定了儿童对双亲和其他人员对文化的依赖。儿童一旦被剥夺了这个文化环境，剥夺了学习的早期机会，他就永远不能再变成人。

中国伟大的哲学家老子就曾经指出，一个人到达人生智慧和真趣的极致是复归于婴儿，复归婴儿才是最伟大的。有一颗真诚朴素的童心，才是真正的人生的智慧和真趣极致。明代的李贽说过"夫童心者真心也"，真心也只有儿童之心才是不加掩饰的，而成人是演戏演惯的人。若失却童心也就失却了真心，失却了真心也就失去了真人。今天说回到初心就是回到你的真心，回到你的童心，就是这么个逻辑。

举一个例子：2008年贵州下了一场大冰雪，大冰雪后，市委书记想做好事就带着他市委的几个领导，驾驶着一辆车，车上有水有米，到村庄去给村民刨冰。那个地方被冻了，车不通，领导想着要是这么一做，老百姓肯定会感动得热泪盈眶，党和人民之间的联系一定更加紧密。其结果令他很失望，那些打工的年轻人都回来了，干部们在拼命刨冰，而老百姓在一旁袖手旁观。书记就很不高兴了："我们来给你们做好事，你们就这么看着呀。"这些人一听一笑就走了，甩了一句话："儿啰！后面要是不跟着那个摄影机，你会来给老子们做好事！（贵州方言）"领导干部是跟着摄像机来做好事的，换句话说，是来表演做好事的，是好事的表演者，目的是拍成影片，为了上级对你的欣赏和老百姓对你的感激，是抱着私人目的而来的。对吧？只有童心才不需要扮演，大人们总在演戏，这就是"童心说"。

实现童心就是实现真心，没有了真心就是没有了真人，人要不是真人就没有了初心。陶行知先生说"千教万教教人求真，千学万学学做真人"。刘晓东先生还有篇文章叫《幼态持续及其人文意蕴》。你们听说过"幼态持续"这个词吗？按照一个动物存活的时间，以及他在妈妈肚子中的时间，过去人的平均寿命是 35 岁到 45 岁，那么他应该在妈妈的肚子里待上 21 个月。也就是说人的生命跟他被怀孕的时间应该有一个比例关系，但是人类却十个月就出生。为什么呢？人类的母亲过去像一般动物一样是趴着的，所有趴着的动物没有难产的。人类站起来以后，女性的骨盆口开始缩小，这是物理因素造成的。地球吸引力会让妈妈们的骨盆口变小，但是人类的孩子大脑却在不停地长大，我们的大脑每一天大概相当于消耗 20 瓦电灯泡的能量，我们的大脑只占体重的 2%，但是要消耗 20% 多的能量，这个消耗量是很大的。人因为越来越聪明，脑子也越来越大，如果妈妈的骨盆口小了，脑袋还越来越大，就会出现难产。难产有两种后果，一种是妈妈死或孩子死；另一种是两人都死，这是自然淘汰规则。

每一个今天的孩子，今天活着的人类都是早产儿，这叫"早产儿理论"。如果把人类宝宝跟斑马的宝宝做一个对比，斑马宝宝一般要求出生后一个小时之内会站、会跑，跟上妈妈的脚步，要不然旁边就会有很多鬣狗、狮子盯上它。人类的孩子如果有斑马这个成长的速度，相当于孩子今天出生，明天就上学，后天去上班挣工资。

人类有一个所有动物都没有的、长长的幼稚期，这就叫"幼态持续"。这是生物学的原则，也是教育学一个很重要的原则，所以这本书的后面讲了人是永恒的儿童。

儿童时代是把你一生中所有需要的东西都已经贮藏，发育的缓慢是人类个体童年的特征。因为我们的大脑可塑性，所有动物都赶不上。幼态持续学说对童年的发现，对于改变与童年为敌的社会现实具有重要意义，对于小觑童年、毁坏童年、急匆匆地将儿童赶往成年世界的想法和做法是一剂解药。《圣经》里边耶稣讲了一句话，内心能够进入天国的人，都是像小孩子那样的人。大家能意识到这句话是什么意思吗？中国的老子说，天下有始。天下的开始就是母亲，他要找的那个道，就是要找到这母亲，知道我们这些孩子，而且要复守其母，像一个永远长不大的孩子一样守着妈妈："常德不离，复归于婴儿"，才是老子追求的道。弗洛伊德说："在我们心灵的最深处，我们是儿童。"每一个人因为幼态持续，大脑中间绝大部分是这种潜意识的本我，另外还有自我，还有外边社会塑造起来的超我。而那个本我、自我更多是一个孩子，那种想法保持终身。马斯洛说不得不面对这样的事实，最成功的人他们因为成熟才被挑选出来，但是这个成熟的同时他们很幼稚，把自我实现者的那种幼稚称为"健康的幼稚"，一种返老还童的天真。几乎所有优秀的人都会说类似的话。古德曼是一个著名的生物学家，他说："我相信如果人类通过幼态持续而进化，那么我们就是永恒的儿童。"这不仅仅是一个隐喻。

我们每个人心底都有一个儿童的时代，我们在歌颂党歌颂祖国的时候，老是不由自主地把它们比喻成妈妈，从来没把它们比喻成爸爸，为什么呢？这肯定没有标准答案。

再比如歌德还是谁说，少女可以歌唱失去的爱情，但守财奴从来不歌唱金钱。失恋什么的都可以唱，但即便全人类都爱钱，特别是商品时代基本就被钱牵着鼻子走，但是有哪一首流行歌曲或者正式的进行曲是歌唱钱的？又为什么呢？这也没有标准答案。

在我看来，其实可以从进化心理学的角度去说，因为金钱的出现是很晚的事，所以人们不会歌唱这个；为什么要歌唱妈妈，把妈妈比喻成祖国，而不是父亲？因为幼态持续和长期进化，早就决定了人类依恋妈妈，这早就固化在所有人类大脑的回路里，只会这样去感受世界，这叫

"进化心理学"。刚才我们说到陶行知先生说幼儿是天生的创造家，幼儿是积极的探索家，幼儿是自主的管理者。"人人都说小孩儿小，小孩儿人小心不小，你若小看小孩子，便比小孩儿还要小。"这是当年他写的诗。

童年其实有它独特的、永恒的乃至更成熟的价值，以至于马克思心目中的共产主义其实也是回归：一个成人不能再变成儿童，但是儿童的天真不是使人感到愉快吗？为什么历史上的人类童年的时代在他发展的最完美的地方不该作为永不复返的阶段显示永久的魅力呢？马克思的共产主义指的啥——自由而全面的发展。我读马克思、恩格斯的文集，读得我心惊肉跳。什么叫"全面发展"？《德意志意识形态》里说：早上去打猎，下午去捕鱼，傍晚去放牧，晚上做批判。而我不是一个猎人，又不是一个渔人，不是一个专门的牧人，也不是一个专门的批判的人，这就叫全面发展，这是他共产主义的理想。我后来一想，原来是回归人类的童年，就是没有剥削，没有压迫，生产很简单的小社会。后来北京大学的聂锦芳先生跑到马克思的故乡特里尔待了一个月，他原先看着这段文字没有感觉。但突然那天散步，外边还有清清的河流，河流的对岸是黑森林，河流里边有大大的鱼，城镇的小路铺的是那种小小的花岗岩，这个花岗岩是当年马克思走过的石头。于是他一下子回到当年那个场景，这个环境是能够打猎的，是能够捕鱼的，能在这个地方点一个煤油灯就可以写批判文章的。原来马克思的共产主义是走过一个否定之否定以后，在更高生产力水平的基础上，重新回到人类早期没有剥削，没有压迫，大家像一家子一样的那个时代去。这么一看，其实回到童年回归初心，跟我们今天说的孩子的世界没有什么不同。

故事讲完了，三本书也讲完了，以另一个电影故事来结束今天的话题。看过《阿甘正传》）吗？讲了什么东西？讲了一个有智力残疾的人，他的智商只有别人的75%。换句话说，他是一个永远长不大的孩子。怎么看出是个孩子来呢？因为他有什么东西都会给别人，为什么他要给别人呢？他老说一句话："My Mama always said."将近30来岁啦！一般别人称妈妈为mother，翻译过来叫"母亲"，但是孩子却满口"妈妈"，不讲"母亲"。阿甘长不大，犹如童子。他从小受人欺负，只有小珍妮同情他，跟他玩。长大后，他心目中的女朋友珍妮跟别人跑了。这个女孩子似乎属于嬉皮士，什么事都敢做，也荒唐过。自小父母离异，父亲猥亵她，所以性格很扭曲。但阿甘一辈子只爱她一个人，无论她怎样，也永不变心，还是像个孩子啊。有次珍妮再来跟他住了一个晚上，留下了一双鞋又走了。阿甘就穿着这双鞋跑了大半个美国，因为他的爱情无法宣泄。他一直在盼望着等待着，珍妮最后也觉得自己很荒唐，在拉斯维加斯那个赌城，站在阳台上差一点跳下去自杀，但是她没有跳下去。为什么呢？因为远方还有一双深深爱着她的阿甘的眼睛……另外，在阿甘当兵打仗的时候，认识了一个黑人名叫布巴，两个人躺在雨水之中睡觉。布巴睡不着，就问阿甘打完仗以后想干什么，他说不知道，得问妈妈。布巴说干脆买捕虾船吧。后来布巴战死了，阿甘受了伤，就用军队补偿的钱买了一艘捕虾船，他给捕虾船起名叫"珍妮"号，说那是天底下最美的名字。他还把被打断腿的那个上尉接过来俩人一起捕虾。风雨交加中，阿甘时来运转，每一网都是满满的虾，于是他发了大财。发了大财以后他把钱分了些给布巴的妈妈，那个黑人妈妈看见这笔钱，当时就晕倒在地上，第二天请了一个保姆，买了一幢洋房——阿甘把钱给了一个他没有责任去管的人。剩下的钱他全捐了，他说，妈妈说人不需要那么多钱。结果他靠在运动场铲草皮维生。一个长长的镜头里，铲着铲着，突然远方站着一个女人，就是他的珍妮。珍妮回来以后，他们俩怀了一个孩子，珍妮可能觉得自己有罪，生下了孩子并带着孩子离开了他。随后她变成了一个自食其力的好妈妈，把孩子养到两三岁，把阿甘叫去，把孩子交给了他，从此阿甘当上了爸爸。不久，珍妮死了，只有孩子陪伴在阿甘身边……大家从阿甘能体会到一个孩子般的心灵，什么叫美？什么叫成功？写这么一个关于傻子的小说，一直到电影，为什么能感动这个世界？为什么傻成这样却能让这个世界所有的人都发自内心地感动呢？

童心永远有它最伟大的力量，童年其实是一个非常值得我们大人学习的世界，《阿甘正传》就是这么一个故事。大家条件允许的话呢，买一本《阿甘正传》的小说，这是世界畅销的小说。傻子有傻子的秘密，傻子有傻子的道理。一开始说他傻，其实他不傻。第一个故事是什么呢？他路过一个地方，那个地方正在刷泥板干苦活。别人说："阿甘过来帮我。"手推车，推了十二三架，很累，干完后那个人掏出一美元给他。他不傻，他知道他那天付出的跟那一美元不成正比，但是他不会抗辩，于是他拿了钱折过去又打开，折过去又打开。他把所有的人都看得很美好，所以他不会抗争，这一美元让他很满足。你说他傻他就傻，你说他不傻他就不傻。

好了，今天这个主题我们讲了三本书，第一本是《小王子》，第二本是《孩子是个哲学家》，第三本是《儿童精神哲学》。后一本的作者叫刘晓东，我建议大家关注他和他的论文，因为他能让我们推开这扇窗户看到孩子的心灵，孩子不是让我们来管理的人，不是我们让他长成大人，而是需要我们蹲下来欣赏的，然后在欣赏的过程中陪他一起长大。孩子不是有待成长的大人，而是有他们独特的价值，有他们独特的境界，有一个初心的世界，我们曾经都有过这样的世界。这个世界里可能没有高楼大厦，没有山珍海味，家里面可能破破烂烂，但那个地方有妈妈，有温暖。我们都曾是在这个环境里长大的孩子。这种孩子一样的真情值得我们永远怀念。

为什么要选择这三本书走进这个礼堂？因为咱们学校是幼儿师范，我们选择了幼儿教师这个职业，将来会陪伴孩子一起长大，领略孩子们的风采。同时，让我们自己活得更加纯粹，更加高尚，所以这项工作是神圣的光荣的，而且很有趣。这是我今天想对大家说的内容。

师生互动：

学　生：老师，很荣幸来听您的这一场讲座，我想提的问题就是童心非常的天真，也非常的宝贵，我们这个行业是学前教育，以后走入的工作领域在幼儿园，那么在具体的实际教学中，我们应不应该遵循孩子的童心，对他们进行教学的同时与他们共同成长，真正地成为孩子的良师益友呢？

顾　久：其实你已经把答案说得非常标准了。如果用我自己的话说，我们蹲下来，一边欣赏着孩子，一边陪伴着孩子，他们长大的同时，其实也是我们精神的成长，这个职业是一个非常光荣的职业。可惜今天我忘了带一张照片，这张照片是我幼儿园时候的合影。我在贵阳第三幼儿园上的学，我们男孩子全加在一起只有十个人，可惜我们后边那排的老师一个也不在了。但是我很感激她们，就这十个男孩子中后来成为画家的有一个，成为古琴演奏家的有一个，陶瓷方面的专家也有一个，还有一个是过去文化厅的副厅长。这其中至少有四个人走向文学和艺术的道路，而且都很有名，其中还有个男孩子成了企业家。可惜女孩子一个也没接触过了，我们那些老师一个都不在了。

学　生： 老师，您好！刚才听主持人老师介绍您，知道您在社会上有很多职位。我想说您平时应该很忙，您也有孩子，也有老人，您平时应该没有多少时间关心孩子还有父母。以今天讲座的主题童心来说，可能以后我也会有孩子，我也会有工作，但是我可能会因为工作很忙，使孩子的童年缺少母爱。那么您的孩子可能也会缺少父爱，那您平时是怎么弥补孩子的呢？

顾　久： 你这个问题非常好，非常现实。我感觉自己给孩子的爱还是足够的，我认为家长跟孩子之间的爱，最好不是溺爱，是保持一段距离的爱。现在我女儿也有她的孩子，也就是我的外孙。我一直劝诫她不要把爱陷得太深，爱太深了以后可能会把他淹死，这叫"溺爱"。记得有一次六一儿童节，我带着上幼儿园的女儿到河滨公园游乐场玩，给她买了一根冰棍。平时是不买冰棍的，所以那天她很感动："爸爸，今天怎么买冰棍呢？"我说今天是六一儿童节嘛。结果第二天她又问："爸爸，今天还过不过节呀？"我知道她惦记着冰棍。这说明什么呢，我们之间其实还是有距离的。我平时不会惯着她，但是我从来没打过她，我从来没要求过她一定要考多少分。令我很感动的是女儿去年回来，我们上了一辆公交车，公交车一开始是空的，我们俩一人坐了一个位置。后来人越来越多，上了一位老人，没地方坐了，她就让座。女儿从小就坐在我的膝盖上，她现在已经35岁了，那天还是大大方方地坐在爸爸的膝盖上。她看上去很小，所以居然整个车上没一个人关注我们俩这个动作，还像一个小女孩一样坐在我的膝盖上，我们共坐一个位置。我觉得这就是爱。我也希望以后大家拿一点时间出来好好陪陪孩子，还有如果母亲和父亲是受人尊重的，孩子也会发自内心地尊重你。我们做一个好人，做一个受人尊重的人，一定意义上也是为了给孩子树立一个榜样。

学　生：很感谢顾老师这一次给我们作讲座，今天听了您的讲座我自己收获很多，我想向您请教，就是您觉得好的书，能否推荐给我们看一下？

顾　久：哇！太好了。你愿意看什么样的书，关键是，我读的东西太泛滥了。如果教育类和哲学类都喜欢读的话，可读一本卢梭写的《爱弥儿》。卢梭既是一个哲学家，同时也是一个作家，还是教育家。我现在比较喜欢关心生命的问题，如果大家有兴趣的话可以读另一本《生命是什么》。作者是一个三十几岁的小青年，在国外读了博士后被引进的人才，他的文笔很适于普及生命是什么，作者叫王立铭。王教授能拓展我们的知识，理解人性是什么，等等。另外如果对哲学还有兴趣的话，读北京大学出版社出版的、作者叫孙正聿老师的《哲学修养十五讲》，是写给大学生的，语言表述得很好。

学　生：我在幼儿园实习时，总感觉有一点强制幼儿。那一分钟我已经忘了我是在跟幼儿交流，难道是我没有童心吗？在讲课的时候我没发现，讲完了回去反思的时候才意识到我是在跟幼儿讲课，为什么要去要求他必须要懂呢？他要懂应该也不会上幼儿园，那这种心态应该如何去把它给调节过来？

顾　久：等你有了孩子，你就会意识到这个问题了。等你当了妈妈，你自然会觉得原来孩子很可爱，特别需要呵护。有一个美国人写的书叫《怎么说孩子才会听，怎么听孩子才会说》，以后怎么去跟孩子打交道，你想让他听你的话，你怎么去说他才会听，你怎么去倾听他，他才会对你说心里话。那是因为你刚开始，有时候有一定的强制也不错，但是不能过分。更多地蹲下来跟他一起成长，你之所以着急是因为你有事业心，你想完成你的任务。

金满银（教师）： 非常荣幸能听到顾老师的精彩授课，有点演讲的性质，很吸引人。我虽然不是幼儿教师，但是每天都跟幼儿打交道。在教育孩子的过程中，其实我也是遵循他的天性，遵循他成长的规律。但是常常会发生冲突，在尊重他童真的同时，会有规范孩子的行为，我想问顾老师怎么求得二者的平衡。

顾　久： 这个问题太现实而且太深刻，你提得非常好，对孩子要有要求，有强制，我认为这叫"家教"。但是如果不用教就让孩子跟着你，那叫"家风"。如果可能，你跟你先生应该分个工，一个人象征着外在的纪律，一般过去是父亲来表演，叫严父；你更多去表现一个慈母。就我自己而言，我妈妈喜欢唠叨，她曾经当过小学校长，所以一天到晚都在提规矩，这个规矩要遵循，那个规矩要遵循，一直到我去毕节当副专员，她还要管。单位修了一栋交流干部房子，房子有160平方米，我跟我妈说我要搬家，所有交流干部都要搬去。我妈很不高兴："你到贫困地区去，160平方米我们一家人都没住过，你好意思吗？老百姓不戳你的脊梁骨吗？"因为她这样不准那样不准，于是才成就了我的一些基本的品质。但是我父亲不同，他从来不说长道短，只是很认真地做他自己，给我们做一个好榜样。他曾在贵阳师范学院当副院长，事业心很强，他就住在学校，我们家住法院街。每个星期六回来，吃完饭后他一定带着我跟哥哥逛书店，其实逛书店首先是他满足自己对于书的需求，但是顺带也给我们买几本小书，在不知不觉中养成了我们阅读的习惯，这叫"家风"。什么东西叫"风"呢？就是看不见摸不着，但是它力道很强。我父亲他做好自己，不是有意识的，而是在举手投足之间带给你力量。他认真地做好他自己，做一个示范。我父亲跟我讲话少，从来不打，也从来不骂，但是别人都说我特别像我爸。父亲在贵州大学工作的时候，跟丁道衡两人代表着进步教授，分管整个学校。土匪抓了几十个学生，都是左派学生，当年土匪很多是有国民党背景的。叫所有这些青年写反动标语，开始没有一个人愿意写，于是土匪就把这些人排成一个圆圈，拉出最漂亮最英俊的一个人站在中间，朝脸上打一枪，那张漂亮的面庞突然面目全非、脑浆崩裂，一个活生生的人软绵绵的像个沙袋一样倒下。我爸就说：像"信仰"这样的词是不能随便说的，信仰是一生用生命去体证它，是枪架在头上都不会改变的，这个才叫"信仰"。一个家里，把家教和家风都动用起来，其实像两条腿，能够把一个孩子带向更光明的未来。

录音稿整理：2018 级早期教育 1 班　魏林杉

2018 级早期教育 1 班　张财敏

作者简介　　**顾久**，教授，著名文化学者、社会活动家。曾任贵州省人大常委会副主任、贵州省文联主席、贵州省文史研究馆馆长。也是第十届全国人大代表、全国政协委员、民盟十届中央常委、贵州省委主委。

童心之美在真

2017 级学前教育 15 班　罗茂娜

　　童年，那是一段无忧无虑的时光，虽然也有过跌倒和哭泣，但是我们还是能够用灿烂的微笑面对一切，童言的无忌带给了别人开心的笑脸，傻傻的我也跟着笑呵呵。童心是童年中最宝贵的宝藏，童年的我们对一切都充满了幻想，总是沉浸在自己小小的世界里，里面有别人看不到的好朋友。长大后的我被现实磨炼，童心在一点点地逝去，跟孩子的距离也越来越远。

　　顾久老师"走进童年世界·领略别样精彩"的讲座，先是用《狗十三》的电影引发大家的共鸣，然后分析故事内容。在家人看来无理取闹的孩子，其实是孤独的，是不受欢迎的孩子。看到不受欢迎的狗狗就如同看到了自己，"爱因斯坦"就是另一个她。在分析这部电影时，顾老师间接地告诉我们要关心爱护孩子，学会与孩子沟通，孩子其实很敏感。为了让我们更好地了解孩子，顾老师推荐了三本与孩子息息相关的书。

　　法国作家安托万·德·圣·埃克苏佩里写了《小王子》，他用孩子的眼睛来看世界，小王子是孩子的代表，天真、可爱、善良。而小王子在遨游其他的星球时遇到的人代表了各色各样的成人，大人的眼里满是贪婪、自私、虚荣、懦弱、狂妄自大。顾老师在分析《小王子》时，让我们用孩子的眼光来看待事物，正如小狐狸所说：眼睛是看不到的，要用心去寻找。

　　《孩子是个哲学家》是意大利作家皮耶罗·费鲁奇所写。这是一本写给天下父母的书。身为两个孩子的父亲，皮耶罗·费鲁奇对育儿、生活焦头烂额的体验与普通的父母别无二致。然而不同的是，作为一个哲学家和心理学家，他用敏锐的双眼发现了育儿的烦琐以及父母发生的心灵转变。从孩子不厌其烦的重复游戏和探索中，学会缓慢、耐心和等待，从陪伴、保护孩子的过程中，体味爱的无私和回馈。孩子是我们的榜样，只是因为我们总觉得孩子小、不懂事，认为只有大人才能教给孩子知识，其实孩子在不知不觉中也教会了大人很多东西，只是我们没有意识到。因为我们教给孩子知识时是死板的传授方法，而孩子却能用行动潜移默化地改变我们。

　　中国作家刘晓东的《儿童精神哲学》。该书以人类文化史为起点，以现代自然科学、人文科学为背景，以那些通常被视为幼稚无知的儿童为研究对象，将儿童置于历史、文化、人群之中。顾老师用"幼态持续"来解释成人，"在我们心中，我们就是孩子"，只是我们没有承认，也不会去注意，人就像永远长不大的小孩，很多人虽然身体长大了，但是行为、思想上还是保留了孩子的部分特征，所谓"老小孩"，保持童心非常的重要，保持童心会活得更快乐。

　　顾老师又用《阿甘正传》这部电影来结束讲座，他分析了阿甘虽然在别人眼里是傻子，但阿甘一点都不傻，只是他的观念与他人不同，他铭记妈妈的话"人不需要那么多钱"，他对爱情的执着也是因为珍妮和别人对他的不同，在别人眼里珍妮是不堪的，但是在阿甘的眼里珍妮还是那个善良的珍妮。

顾久老师的讲座让我意识到该如何真正地去认识和了解孩子，也告诉我有一颗童心就是真。

自以为高高在上的大人，也需要弯下腰向孩子学习，学会与孩子沟通，融入孩子的世界，才能体会到眼睛看不到的事物。

追逐梦想，放飞童心

2018 级早期教育班　张财敏

童心无瑕，童心无价，这也许是大人们最需要学习的东西吧。

提起童心，我们可能都会想到儿童，对于我们，童心大概就是说儿童的纯洁的心灵。他们对这个世界还一知半解，并且对这个世界的一切都充满着期待和渴望，他们不像成人那样懂得如何去应付这个世界的种种事务，兴许正因这样，童心才更值得我们大人呵护。

童心看似简单，但却很难学，因为它需要人们发自内心地去学习，而不是去做表面工作，更不是自欺欺人。因为你自己知道自己有没有真正地拥有童心，所以我们需要像儿童那样拥有纯朴的心智，对人们、对社会都不该抱有那么多的利益和目的。因此我们需要走近儿童、亲近儿童。

作为幼儿教师，我们更应该拥有童心，它是我们幼儿教师教育和亲近儿童的一座桥梁，因此需要我们同儿童一起追逐梦想，放飞童心。

顾久老师所说的回归童心，是一个既简单又复杂的过程，他讲述了儿童和大人最大的区别，看是否拥有童心，儿童是天生就具备这种心思的。然而大人会被社会中的各种各样的事物所影响，因此他们慢慢地学会了演戏，所以，大人往往是不具备童心的，他们做事的时候会权衡利害得失。顾久老师还借用了古代伟大的哲学家老子的话语，他说，一个人要想达到人生智慧和真趣的极致是复归于婴儿。婴儿虽小，却有一颗真诚朴素的童心，不像大人那样顾忌很多。所以童心虽然看似简单，但是却很难拥有。

顾久老师在讲完《小王子》《孩子是个哲学家》《儿童精神哲学》后，接着又给我们讲述了一个关于童心的电影故事《阿甘正传》。他给我们讲了电影故事里面的主人公，虽然人们都认为他是一个傻子，但是他却不傻，因为他什么都知道，只是不与人说而已，并且电影故事里的主人公总是在说"妈妈总是说"，就因为他开口都是妈妈怎么怎么说，所以人们都说他长不大。因此顾久老师说："他不是傻而是富有童心。"

顾久老师在讲座结束前告诉我们，想要保持童心，就需要多和孩子打交道，因为孩子本身是拥有童心的，他们才是真正值得我们学习的，所以我们的幼教，也将是一份神圣的、光荣而有趣的事业。

走进童心的世界

2018 级早期教育班　魏林杉

童心无价、童心无瑕。

顾久老师第二次做客"红枫湖·百家讲坛"，带领我们领略并走进了童心的世界。

童心到底是什么样子的呢？

我认为，童心就是保持自己最天真、最单纯的样子。顾久老师和我们分享的第一本书就是《小王子》，那么多人都在读，最吸引他们的不是狐狸，不是玫瑰，而是小王子。他们喜欢小王子那纯真纯粹的性格，羡慕小王子的单纯美好。因为自从他们长大后，再也没有过那种单纯的生活，更没有了那真诚朴素的童心。每一个小孩都渴望长大，而每一个大人在自己长大成熟之后，却又渴望自己能够像童年一样再次拥有那颗童心。

既然人人都想再次拥有童心，那我们该怎样回归童心呢？

这就是大概飞回童年的世界，去寻找童年世界的真谛吧！让自己飞回童年的世界，去寻找自己童年时的梦想，那些可笑却又单纯美好的梦想。

人人都说孩子就像是家庭的一面镜子，他能够折射出一个家庭是什么样子的。我想的确是这样。父母的性格温和，孩子的性格也大多是温和的；父母的性格暴躁，孩子的性格也大多是暴躁的。顾久老师分享的第二本书《孩子是个哲学家》，书的副标题就写着"重新发现孩子，重新发现自己"。想要重新发现自己，就一定要先发现孩子。孩子是单纯的，他们不会像大人们一样去计较，他们的世界里没有谎言，没有贪婪，也没有大人们的欲望。孩子是一张白纸，大人们在这张纸上怎么画的，这张纸就是怎么呈现出来的，所以说孩子是一面十分清晰的镜子，当大人们重新去发现孩子的时候就是在重新发现自己。

孩子的世界是精彩的，是单纯的，是美好的。

当大人们发现这些精彩与美好的时候，也会让自己变得更加的精彩和美好。

孩子的世界是充满童心的世界，有一种神奇的能力，能让雪白的纸张变得美丽。

"走进这个世界"，其实走进一个世界是很难的事情，就像两个人要相互走进对方的世界，大人们想要走进孩子们的世界是很难的。但就像顾久老师说的，老师的自我中心，走进儿童的精神世界就是他的序言。我们选择了学前教育这个专业，我们就选择了未来成为一名幼教老师。在成为幼儿教师前，我们首先要做的就是走进孩子的世界，只有这样，我们才能真正了解他们的想法，真正地融进他们的世界，成为他们的好朋友，并且让自己成为一名称职的幼儿教师。

顾久老师和我们一起领略了三本书的不同精彩之处。选择了幼师这个专业，我们就能陪伴着孩子们一起成长，分享孩子们的精彩，并通过孩子们的世界，让自己也一直保持单纯与美好的童心。

童心无价，童心永恒。

圣贤人家的育儿经

余文武

亲爱的老师们、同学们，下午好！

今天我的讲题是《圣贤人家的育儿经》，讲题分为四个部分：第一，道德文章之内涵。第二，圣贤人家的育儿经。第三，蒙以养正藏智慧。第四，提振信心再出发。

请大家看课件中的这幅图片，这个地方有人去过吗？它北望层峦叠嶂的巍巍燕山，南瞰海天一色的滔滔渤海，踞高山大海之间。它是北方马背民族南下入关，中原各族北上出关的必经之地。有一句诗"两京锁钥无双地，万里长城第一关"讲的就是这山海关。

2018 年 4 月我去了那里，在那高耸的城楼上有一块硕大的匾额，上面有五个遒劲有力的大字：天下第一关。"两京锁钥无双地，万里长城第一关。"两京，一个指的是盛京，今天的沈阳，另一个就是今天的北京。两京之间有个像钥匙一样的关键部位就是这山海关。可是这块巨匾居然前没有题头，后没有落款！北大的季羡林先生讲，它的题写者是明朝的奸相严嵩。看哪！这就是咱们中国人的评判标准，所谓道德文章，总是把道德放在前面，把文章放在后面，当然这里的文章指学问、学养。

教师德行是我们教育工作者的内在规定性，现借助与我们关联度非常紧密的几个汉字，来管窥教育的要秘，引出家风家教问题。

第一个字——教，"教"不是由"孝"和"文"组成，左边的孝是会意字，由"老"和"子"构成，意为孩子搀扶老人。教的左边是"孝"（jiao，仿效），右边是"攴"（pu，手中持物击打），"攴"字里有一只手，高举着一条鞭子，它与其他字组成具有强烈攻击意思的合成字，譬如：敲、攻、散、收、败、赦、敌、放、牧、政、敕。甲骨文里的教是这样写的——𝖊，上面那把叉是天五，下面这把叉是地五，代表天地万物。下面像花朵样子的代表小孩子，双手捧着书在读，捧天地万物在读，右边是年轻的妈妈拿着鞭子在打他，但不是真打。我认为真打的话，棍棒要靠近孩子的头，这只是佯装在打。这就是"教"的韵味。

第二个字——学，甲骨文里的学下面是孩子，上面是捧着书在读，左边的是左手，右边的是右手，中间的秃宝盖是桌子，所以"教"和"学"有相同的部首，教学相长，"教"和"学"同源。

第三个字——育，甲骨文里的育是这样写的——𝖆，下边不是"月"，念"肉"，圆弧状的是母亲的子宫，下面延伸出来的那条线是母亲的产道，头先着地是顺产，这个是会意字，告诉世间万物的真相就是要顺其天理，春风化雨，一点一点来。

第四个字——师，"师"被认为不过是找钱吃饭行业的一种职业，有试睡师（酒店行业的正经行当）、催乳师（解决产妇乳汁淤积的从业人员）、殡仪化妆师（俗世忌讳又少不了的职业），黔北民间老百姓家中的香火板上的"天地君亲师"，放在最后的"师"托起的是天地君亲，关于"天""地""君""亲"的学问是由"师"来开启的。"师"上面有一横，"德之帅"也，一马当先。

第五个字——尊，"尊"字上面那两点是两只手，中间那一横是桌子，下面"酉"通"酒"，"寸"双手形，双手把酒樽捧上去敬献。

第六个字——文，"文"字甲骨文和金文里面表现为一个人轻轻地平展双臂，都是一个形状，从各种迹象来判定，胸是字的主要部分，纹有"X、U、V"等。

"教"与"学"表达的是教学一体而居形上的精神教化的过程（要"育"），"师"通天地交互之理，学生阖手承继（"尊"），而终至精思的畅通博达，及至文明的格局（"文"）。

曾经在知名小学去访谈100名教师："你喜欢学生吗？"百分之九十的老师表示特别喜欢。去找老师对应的一百个学生："你感知到老师的爱了吗？"只有百分之十的孩子感受到老师的爱。爱若能双方感知不是一件容易的事情，老师们都希望与学生交朋友，可是没有同理心很难做到。"五花马，千金裘，呼儿将出换美酒，与尔同销万古愁。"为了朋友来不惜把五花大白马和价值千金的裘皮大衣卖掉，换美酒与朋友喝酒消愁。这是李白的诗句。我认为交朋友最好的法则就是你自己要够朋友。

顽皮少年向自己的尊师称述自己的学业理想。老师用鄙夷的口吻说："你这个样子能在大学的门前照个相就不错了。"与老师暗暗较劲的少年，每到一所大学念书，都会较劲地在门前照个相。仔细想想如果一个孩子遭到老师这样的语言攻击，不是体罚而是心罚，若不是家庭拯救，他不可能自救，因为他的力量还没有达到与自己的尊师抗衡的地步。

老师的魅力就在于把道德文章的魅力和学科知识的魅力传递给学

生。家庭、家长、家庭成员、父母、监护人要清楚自己的站位，自己的角色是作为哺育者还是教育者的姿态面世？那圣贤人家是怎么育儿的呢？我重点举一些具有"原型启发"价值的案例。

名宦之家的末路。《红楼梦》里面的贾母代表一定的威权，她要管贾政、贾赦、王熙凤及宝玉、宝钗的妈妈们，她的话颇有故家乔木的风范，开口都是书香门第："这位小姐呢，是通文知礼，无所不晓，竟是个绝代佳人，可是一见了一个清俊的男人，不管他是亲是友，便想起终身大事来了，是父母也忘了，是书礼也忘了，鬼不成鬼的，贼不成贼的，哪一点是佳人哪！"教育贾府里面那些待出阁的小姐，要坚守大家门户女子的本分。

毛泽东喜欢冷子兴对贾府衰败的评论：安富尊荣者尽多，运筹谋划者无一。毛泽东说，一个家族垮下来，首先在于这个家族的人垮下来。安富尊荣养成一代又一代无用的膏粱纨绔。贾府的爷们儿，哪个不是如此。贾琏是贾赦的儿子，不听贾赦的话。王夫人把凤姐笼络过去，可是凤姐想各种办法积攒私房钱。贾赦和贾政个人又有个人的打算。加上毛泽东统计贾府里出的几十条人命官司来综合判断，贾府的家风家教家训已然失效，这个大族名宦之家走向穷途末路是历史的必然。

让我们再来看看文天祥的"遗风余教"。文天祥有两个女儿，柳女和环女，临死前他对两个女儿说："人谁无妻儿骨肉之情，但今日事到这里，于义当死……"元世祖想不通：为什么一个人功名富贵都不要，甚至不惜牺牲自己的生命，要一意孤行地、无所畏惧地走上刑场？《孟子》里有中华民族代代相传的"气节"规定，中国人有"视死如归"的信念，把死当作回家。孟子讲，仰不愧于天，俯不怍于地。文天祥遗言："孔曰成仁，孟曰取义。唯其义尽，所以仁至。读圣贤书，所学何事？而今以后，庶几无愧。"他的反问结论不证自明，学人所学就是成仁成义。

我们再看看秋瑾。秋瑾曾经问她的妈妈："为什么哥哥有书读，不用缠足，我没书读，又要缠足？"妈妈回答："因为你是个女的。"秋瑾反诘："那为什么你不生我是男的？为什么男的可以做女的就不可以做？"她这一辈子没有缠足，她亲自创办学校，和男生一起剪短发，一起做炸药。她编了一首歌来勉励青年女子和她一起革命："吾辈爱自由，勉励自由一杯酒，男女平权天赋就，岂敢居牛后。愿努力自发，一洗从前羞耻诟，责任上肩头，国民女杰期无负。"

上面的例子，在心理学上属于对认知任务涉及材料的认识，我下面再举一个有趣的反例来加强我们的元认知监控。这个案例是胡适先生讲的："爸爸，你年纪大了，已经快七十岁了，你不能去做工了，我得养活你。现在请你教我一门行业，教我一种本事。"他不知道爸爸是干什么的，于是爸爸在一个月黑风高的夜晚带他穿过芦苇荡，到了一个高门大户人家，徒手从墙上凿一个洞，从主人家房间进到卧室，进到厢房，厢房里有一个柜子，将柜子打开，里面有很多散金碎银衣服绸缎。柜子够大，父亲命令儿子钻进去，然后马上用锁扣把柜子锁起来，跟儿子说：拜拜。转身回家了。孩子想怎么才能出去，于是他学老鼠叫，丫鬟一听报告主人柜子里有老鼠，主人把柜子打开，就在打开的瞬间他把主人家家丁和丫鬟手中的蜡烛给吹灭，夺路而逃。家丁们追到芦苇荡，他搬起一块石头从左边砸下去，从右边跑回家。儿子问父亲：怎么把他锁在柜子里？父亲让儿子先说说他是怎么回来的。于是江洋大盗的儿子，就把他怎么学老鼠叫、推开柜门、吹灭蜡烛、从洞里出去、在芦苇荡旁砸石头的过程说了一遍。父亲说："儿子，你已经出师了。"胡适为什么讲这个故事呢？这个典型的案例呈现的是教唆。教唆和教育一样吗？不一样。这个做贼的让自己的亲生儿子重走道德败坏的老路，可怜！用"少调失教""伤风败俗""负类反伦"这些成语来形容这个老贼一家都不为过。老子说：哀莫大于无敌。最大的不幸就是没有规则。

来看看大方之家是怎么教育子女的。孔子把人的生命境界做了这样的排序：圣人、贤人、君子、士人和庸人。圣贤是圣人和贤人的合称，指品德高尚、才智超凡的人。什么叫才智超凡？像毛泽东、文天祥、秋瑾就是我们推崇的理想人格和道德典范。家训是祖父对子孙、家长对家人、族长对族人的直接训示和亲自教诲，也包含兄长对弟妹的劝勉，夫妻之间的嘱托，后辈贤达者对长辈的劝告，弟弟对兄长的建议与要求。

孙中山先生出生在广东香山的一个殷实之家，孙中山先生婚后就要去香港学西医，孙中山先生的太太在他的枕头帕上绣了一句"书读三遍不厌多，花摘一枝莫嫌少"。这个美的、以艺术形式绣的帕子，是家训吗？答案是肯定的。这个内化到大脑，上能到典籍，下能到民俗，中间能到器物。圣贤人家的育儿经有很多的变量，因为时间关系这些故事我们都不讲了，下去你们慢慢看。

小时候，父亲安排姐姐教我读书，教我一首诗：

> 草地同乘凉，要姊说故事。
> 姊言但读书，书中件件志。
> 不但广见闻，且可开神智。
> 我愿学读书，我向姊问字。

书中学学问，你要把字识会，你才会去看故事，讲给别人听。不要老是从别人那里取故事，这就是鱼和渔的关系。

> 骆驼，骆驼，把山背着；
>
> 大山，小山，一座一座。
>
> 一步，一步，走在沙漠；
>
> 不怕冷，不怕渴，走到太阳落。

人应该像骆驼一样要负重、坚韧。

古代有一个学子叫林忠，作诗：

林忠住旅馆，必亲自洒扫，我今住过后，将有后人到。

我们吃饭时用过的餐巾纸不能放在桌上、餐盘里，要放在裤兜里，趁人不注意时丢进垃圾桶，这才是一个读书人应该做的样子。

城上一棵草，植根非不高，寒霜经过后，已先百卉凋。

墙头上有一棵草，有那么一点点泥土它就长得很高，寒霜一来百花百草就要凋零，这是因为它植根不深。

在《曾国藩家书》《纪晓岚家书》《马氏族谱》等书中找到圣贤人家、书香门第关于治家之道、教子之术、修身涉世的家训内容。

习近平总书记讲："不论时代发生多大变化，不论生活格局发生多大变化，我们都要重视家庭建设，注重家庭、注重家教、注重家风，紧密结合培育和弘扬社会主义核心价值观，发扬光大中华民族传统家庭美德，促进家庭和睦，促进亲人相亲相爱，促进下一代健康成长，促进老年人老有所养，使千千万万个家庭成为国家发展、民族进步、社会和谐的重要基点。"

毛泽东曾经说："我们共产党人要走出历史的怪圈。"这个历史的怪圈用哲学的语言来讲叫权力异化。什么叫异化？就是自身产生了否定自己的对立面。假如家风家教家训已然失去，欲壑难填，那教育起来就会很难。

看看王阳明先生的一张漫画像，他的手里拿了一个望远镜，寓示教育要有眼光；他帽子的图案是用世界版图做成的，预示着他学问的影响遍及四海。

以上体会，是我在党和人民、家庭和同事的帮助下形成的。母校老师教导：不敢妄为些子事，只因曾读几行书。每一位教育工作者可以靠攻苦食淡来占领理论的制高点，但马克思在《哥达纲领批判》中说过"一步实际行动胜过一打纲领"。我们只说不做是不行的，要争做真真正正的优良家风家训的推行者与传扬者。

谢谢大家！

录音稿整理：2018 级早期教育 1 班　王江

2018 级早期教育 1 班　彭顺

作者简介　**余文武**，贵州湄潭人，贵阳学院教育科学院三级教授、广西民族大学兼职博士研究生导师、北京大学教育博士、中山大学法学博士、华东师范大学教育学博士后。南京大学 CSSCI 来源期刊质量评审专家、华东师范大学理解教育研究所特聘教授、省中小学幼儿园教学成果奖及教育科学规划课题评审专家，省级重点学科哲学——伦理学方向领衔人、省级重点学科教育学——民族教育方向领衔人，主持两项国家社科基金项目、两项省教育发展改革研究重大课题及省教改课题等。在基础教育领域主要开展教育教学成果孵育、教育科学规划课题申报与实施指导。

学生课后感文章选录——

家教是家风的体现

2018 级早期教育班　王　江

"圣贤人家的育儿经"从古流传于世，对后世影响深远。"司马光砸缸"的故事口口相传，当今教科书也记载这个故事；王阳明先生的"蒙以养正"把勤读书、早立志、学做人、做好人作为家庭教育的重中之重。教育对一个人的影响极为重要，可以说，教育对一个人的作用是根源上的，是一个人的人格基础。好的教育可以成就未来，不良的教育贻害后人。

今天，我有幸聆听了贵阳学院教授、博士余文武老师的"圣贤人家的育儿经"讲座，收获了很多，明白了很多道理。余老师从"道德文章之内涵、圣贤人家的育儿经、蒙以养正藏智慧、提振信心再出发"四个方面引导同学们加强道德修养，坚守道德底线，以高尚的道德品行影响和感染身边人。同时余文武老师还为同学们分析了"教、学、要、育、师、尊、文"这七个字以及"类"的本质特点等。从古至今，没有亘古不变的东西，这些字的真正含义，再次刷新了我的眼界，加深了我对教育的理解。

余老师讲的"一个母亲送三个孩子上斯坦福",让我印象深刻。余老师说,"她能把三个孩子送入斯坦福,她肯定有过人之处、有秘密"。每一个成功的人不可能说是无缘无故成功的,他成功的背后一定有一个伟大的人。陈美龄用自己独特的教育方式,来教育自己的孩子,没有包容孩子溺爱孩子,而是通过其他的方法来教育孩子,最后三个孩子进入斯坦福,他们的人生也走向另一条路。可见家庭教育、家训、家风对一个人是多么的重要。作为一名学幼师的学生,未来可能也会走向教育之路,学校教育和家庭教育同样重要。叶圣陶先生说过这么一句话:"教师并非教书,而是教育学生。"

通过这次讲座,让我知道了作为一名教师,实践经验是财富,同时也是羁绊。"教、学、要、育、师、尊、文"这七个字,让我深有感触,我们知道有些教师因为有过多的实践经验而排斥对新知识的接受,虽然能一时地掩盖新知识的不足,但久而久之,这势必造成教师知识的缺乏,而大多数教育工作者不敢打破已有的、旧的教育理念、理论和教学方式、方法,去重建一套全新的、科学的、先进的、合乎时代潮流的教育思想体系。可以说,这是一种悲哀,这是一种不负责的表现。余文武老师讲座的智慧就在于,他敢于自我更新知识,敢于挑战、勇于打破如坚冰一样的旧的教育思想和理念,并在其中享受着教育的幸福。

圣贤教育的现实意义

2018 级早期教育班　彭　顺

本次"红枫湖·百家讲坛"由贵阳学院教授、博士余文武老师为我们带来了"圣贤人家的育儿经"讲座,其目的是让作为未来教师的我们,更加细致地了解古代教育以及现代教育,对于孩子的成长有着现实意义。

余文武老师为同学们细致地分析了"教、学、耍、育、师、尊、文"这七个字的含义,传授幼专学子礼仪。例如:作为一名未来的"人民教师"我们应该有着怎样的"师德",以及我们应该如何管理自己的仪容仪表,男教师应该怎样,女教师应该怎样,等等。在这个过程中,余老师还带领我们了解了古代的敬酒礼仪等,这些礼仪看似简单,却意义非凡。另外,余老师还对教师的教育工作提出了自己的观点,对于孩子,教师的工作不是教育他们,而是为他们的发展提供帮助,只有教师做好准备,正确对待孩子的智慧,理解孩子的需要,才是教育的真谛。

我们都知道,老师这个角色在孩子成长的过程中必不可缺。作为一名教师，我们首先要明确自己的责任，以及教育对孩子的重要意义。我们只有树立正确的"三观"，培养自己正确的"师德"，才能帮助孩子成长和发展。教师应该遵循生命的规律和孩子成长的需求，帮助孩子从懒散变得热爱生活，从无精打采变得充满热情，从恐惧变得勇敢，让孩子尽享生命的乐趣，这是教师的责任和义务。

通过聆听余文武老师的讲座，我受益匪浅，作为贵阳幼高专的一名学生，作为未来的一名幼儿教师，我要做什么？我应该怎样做？通过这次讲座我能够明白八九分了，所谓圣贤教育——想要赢得别人的尊重，就必须提升自己的品格。

流传千年的育儿经，孩子德才双修，父母才能省力高效，那么作为教师的我们就在这其中起着至关重要的作用。可能现在的孩子甚至有的家长认为这都什么年代了，还讲什么圣贤文化，还讲什么传统文化，甚至认为传统文化就是封建迷信，认为我们就应该接受西方的观念，在这弱肉强食的社会必须把自己变得强大起来……可是，通过余文武老师的讲座，我对传统文化以及圣贤文化，从心底产生了敬畏，它让我知道，传统文化讲求自然规律，没有半点封建迷信。

传统文化之于一个民族或国家是至关重要的，那谁能真正地传承优秀的文化呢？自然要靠教师。谁能真正地践行这种文化所蕴含的道义和价值呢？当然也是我们这些身为人师者。

总之，让师者先转变为学习者，锤炼好内功，我们才能担负起新的教育责任。

阅读·眼界·未来

卢云辉

我们知道，这个未来，既是指人类的未来，民族的未来，也是指我们个人的未来。那么这个未来最重要的是什么？是女性。女性是最伟大的，没有女性是不可能有未来的。所以，从某种意义上讲，你们决定未来。那么，今天的话题既然谈阅读，那我们就要联想到在哪里读、读什么、怎么读的问题。

阅读为什么这么重要?!

要了解一个国家的历史，你要去看它的博物馆。也就是说通过博物馆，我们可以知道这个民族、这个国家、这个社会以及这个地区的历史。但如果你想知道一个国家、一个民族的未来，那就要去看它的图书馆。如果图书馆没人读书，或者说该读书的人，尤其是该读书的年轻人没有去读书，这个国家这个民族就不可能有未来。一个民族、一个国家，究竟是沉沦还是上升，取决于它的阅读水平。它的未来是根植于他的阅读，阅读根植多深，这个国家的未来就有多远，小到家庭、个人莫不如此。所以，阅读从某种意义上来讲，决定着未来。

今天的讲座就是这么一个选题跟大家交流。

同学们从小到大，从幼儿园到大学一直都在读书。你或许会问我："老师，难道我这十几年的书，是白读了吗？难道我没有阅读吗？今天还要来讲阅读？"这是我们今天需要讨论的非常重要的一个话题。尤其是咱们师范院校的同学们，是最应该做的事。因为你们是幼儿师范的学生，将来面向的是幼儿，而这恰恰是国家和民族的未来。一个人的阅读习惯是在十二岁以前形成的，一个小孩儿将来有没有阅读习惯，取决于这个非常重要的阶段，而你们恰恰伴随着他走向这个重要的阶段，非常重要！你们学校的图书馆做得非常好，做了很多关于阅读的活动，这些活动吸引大家，启发大家，鼓励大家去阅读，这是一件功德无量的事情，也取得了非常好的成效。因此，你们学校图书馆成了全国"全民阅读示范基地"。很不容易！

阅读为什么这么重要，其实刚开篇就已经给大家回答了这个问题。咱们中国有没有阅读的传统，我们这个民族是不是一个不爱读书的民族，是不是一直都是这样？近些年社会上对我们现在的阅读水平提出了疑问，似乎我们这个民族从来就不爱读书。现在我们大家一起来思考这个问题，思考一下阅读与未来。

人类的智慧和思想都藏在典籍当中，藏在我们的书籍当中。比方说你有什么好的想法，你有什么好的方法，把它记录下来，并且传下去。我们民族自从有了文字后就是这么做的，到现在还有一些少数民族没有文字，但是他们用其特殊的方式进行记录。比如苗族，可以通过歌舞，通过刺绣，通过银饰来记录它的历史，从而一代一代地传承下去，这是一种文化传承。

我们读书，其实就跟历史有一个交集，所以唯有通过阅读才有传承和发展，通过阅读我们人类的精神才会发展。我们国家有十四亿人口，是个名副其实的大国，感觉别人不能欺负我们。不是这样的，就像一个人不是说生来就是打架的，人类走到今天成为文明人，无论你有多强壮，你的强壮不是用来打架的。一个人在世上能够生存和发展下去，特别是今天现代文明社会，是要受人尊重的。越受尊重的人，越受尊重的民族就越强大。那么怎么样才能受人尊重，阅读的人口越多，这个民族就越受人尊重。因为人不读书就会变得野蛮、粗鲁，当然就不受人尊重，所以一个国家强大不是靠人口数量。一百多年前，我国人口也是最多的，但是为什么受很多国家的欺凌，那是因为我们跟现代文明社会有很大的距离。而强大要靠什么？靠学习，靠阅读，所以只有重视阅读，才能有较好的民族素质和精神境界。

咱们国家近几年出了两部重要的法律，一个是《中华人民共和国公共文化服务保障法》，另一个是《中华人民共和国公共图书馆法》，这两部法律的宗旨是提高民族的素养，提高人口的素质，提升民族的文明程度，这是立法的宗旨。

我作为一名大学图书馆馆长，阅读在我看来是当前中华民族最重要的一件事情，要让阅读成为习惯。可以做这么一个判断，一个缺乏阅读的大学，不可能有真正的大学教育，也就是一个大学里的同学和老师，如果不崇尚阅读，这个学校就不成其为学校，就没有真正的教育。只有阅读才可以使学校变得更加美丽，所以最优秀的大学，学生是善于阅读的。那么大学生的阅读是不是全民阅读的主力，我们的大学生都在干吗？

据调查，2017 年我国国民人均纸质的阅读量不到 5 本，有超过 70% 的大学生年均阅读量不到 5 本，大学生包括你们在内都是这个分母，一年的阅读量不到 5 本。当看到这个数据，我身为在大学工作的老师感到很难过。这是全国的统计，也许贵阳幼高专的情况不一样，可能超过 5 本，也有可能 10 本。当然，你们读的教材可不算数，讲阅读量不是讲阅读教材，现在大学生的阅读情况，每个学校都差不多，也许你们学校会好一些。咱们贵阳幼专学校周边有小吃街，我们学校也一样，我们的图书馆就在那条小吃街的旁边，往右走是小吃街，往左走就是图书馆。所以，我跟老师们开玩笑，进图书馆不容易，是跟小吃街抢人，我们最大可能性是把他们拐到左边来，这就是我们的一项重要任务。进一步来看，2017 年 20% 的成年人每天阅读不超过半小时，50% 的大学生每天阅读不超过 1 小时。那么时间都到哪里去啦？这既是提给大家的，提给学校的，也是提给教育部的，我在做全国人大代表期间，经常在全国"两会"上呼吁。

《中华人民共和国公共图书馆法》是现代公共图书馆发展的一个产物。最早的《公共图书馆法》是 1848 年美国波士顿市的一个公共图书馆的法案，应该说这是最早的一个法案，1850 年英国人制定了第一个国家层面的《公共图书馆法》。为什么要制定这样一个法律，是用法律的方式来保障人民的阅读权利，保障公民的文化权益，以这种方式来推动全民的阅读，保障全民素质。后来 80 多个国家相继出台这样的法律，有些国家甚至规定得更细致，儿童阅读方面也做了详细的规定。那么，我们国家呢？20 世纪初，对图书馆相关的事项做了一些规定，一直到 1936 年，咱们国家各类公共图书馆达到 5000 多所，其中独立的图书馆有 1500 多所，学校有 2500 多所，由于战争的原因到了 1949 年锐减，到 1949 年以后有所增长，但是发展很慢，"文化大革命"时期遭到严重破坏。不是说过去不重视阅读，过去也仍然在为阅读提供条件、营造氛围。

贵州民族大学建校时间是 1951 年，1958 年撤销民族学院将其并入贵州大学，1977 年又恢复建设。图书馆旧书要剔下来叫剔旧，这是图书馆的一项日常工作。翻得太烂了，不能再补了需要剔旧。前两年我发现，一些特别旧的书有一个规律，那就是越旧的书读的人越多，读的人越多的书越要集中，都是经典名著。所以我跟我的馆员们说，这个值得研究。把 20 世纪 80 年代那个时候翻烂的书，通过整理研究，我们可以知道那个时代的人读什么书，是男的喜欢读还是女的读，这个值得研究，甚至那些翻烂的书，某种意义上来讲还可以称它为文物，因为它承载了我们过去人阅读的轨迹，而这个阅读的轨迹，我们可以把它称为阅读的历史。

中国的阅读传统建立在这几个方面：一个就是中国的藏书史、出版史。

大家知道，中国自古以来由于文字发明非常早，甲骨文到现在已有 3000 多年的历史。那从甲骨文到经文，到竹简上面的篆书，再到纸质书一直延续到今天，这就是我们这个民族文明演进的历史过程。我们今天读的纸张和过去读的古书的纸张不一样，今天是化学合成的造纸，过去是天然的，是用构树、狼毒草、竹子等制造出来的。到今天还有古法造纸，比如贵州的丹寨县就有古法造纸，一张纸的造价得上百元。但那个时候的纸可以放上千年，而我们今天的纸只能管几十年，在我们图书馆有几百年历史的古籍，就是用的那种纸，这么多年还是好好的，还有很多人翻阅。

那个时候，文字记载的载体就是这么发展下来的，所以演绎出来了很多种装订形式。过去的书籍是保存在藏书楼。孔子早期是鲁国图书馆馆长，负责看管文献，但他那个年代看管的文献都是以竹简为主。战国时期还没有纸张出现，随着大家对文化的崇尚，稍微富裕的人家就开始藏书。想问同学们家里有没有藏书的习惯，如果有藏书的习惯，那一定是一个书香人家。

2019 年上半年，我拜访了熄峰县温泉镇很偏僻的村庄里的一位老人，他家有两百多年延续下来的藏书。原来清代时期，他的祖上在遵义书院当先生，祖上把他的教案和当时用的书全部留到现在，也培养了很多进士、举人和秀才，在那个时候，像这样的人家就是书香人家。可惜的是，后面断代了，今人去打工，也不读书了，这个书香就断掉了。现在那些文献捐给了我们贵州民族大学图书馆，经过我们整理、保存，以示后人，供大家阅读欣赏。

我们古代社会有读书人家，哪怕是在大山里边偏僻的农村，也不乏读书人。

古代用读书来消暑，一到夏天没有空调，像武汉那些地方夏天酷热难耐，到了 20 世纪 80 年代，晚上人们都还睡在街边，睡到山洞里，怎么消暑？洗洗澡、吹吹风，但在没有风没有水的地方怎么办——读书！古代书籍里有记载，读书的时候就忘了热，所以用读书来消暑。这就是我们的阅读传统，阅读历史。

冬天也一样，用读书来抗寒，只要读进去了，就忘记了寒冷。我们阅读史上还有头悬梁、锥刺股的这种读书精神。所以，我们这个民族能够走到今天，是我们古代的读书人创造的。不读书人怎么走得出去，不读书怎么有见识。

贵州现在县县通高速、高铁和飞机，20 世纪 80 年代以前，70 年代以前，50 年代以前贵州什么样？要进贵州得花好多天时间。但是在清代，100多年前贵州走出了很多的学子，正所谓六百进士七千举人，这是贵州文化教育史上的辉煌时期，不读书怎么走出那么多的知识分子。我们再来看最近的民国时期，大家知道民国的重要人物之一何应钦，蒋介石的左右膀，就是从兴义泥凼这个地方出去的，是一个离兴义市很远的地方，交通很不方便。我们再来看中共一大唯一的少数民族代表邓恩铭，是从荔波走出去的，现在那个地方都不好走，即便是有高速都很难走，但是，他成了中共一大代表。

在明清时期，我们还有很多在学术界、在政界有很大影响的人物，他们不仅在贵州有影响，而且在那个朝代都是有重要影响的学者、诗人、书法家、散文家，等等。为什么会出现这种情况，就是靠读书，这就是我们中国人的阅读历史，因为我们是一个爱读书的民族。

我们看一下四库全书，四库全书由乾隆主持修订、纪晓岚总撰。这在我们民族发展史上是最重要的一件事，涉及高官三百六十多人，学者三千八百多人，耗时十三年。四库全书分为四部（类），经、史、子、集，所以称为四库。总共有三万六千多册，七万九千卷，八亿多字。也就是把当时所有的书分为经、史、子、集四类来抄写，最后集大成。为了安全起见抄了七部，分别存放在七个地方。其中一部到过咱们贵州，那是抗日战争时期，为躲避战火，从浙江杭州的文澜阁西迁到贵阳，保存了六年，最后的存放地是一个山洞——地母洞。大家可以作为一个追根溯源的文化考察来看一下那个地方，在省政府后面那一带，这段历史非常精彩感人。所以，一代一代读书人的传承者，形成了绵延千年而不绝的读书传统，正是"耕读传家，诗书继世"。

清代时，贵州有一百六十六家书院，同学们如果把这个作为一个课题分成小组，你们可以访贵州书院。现在还能看到多少家书院呢？

你家所在的那个地方有没有书院呢?

贵阳,在清代时期就有十四家书院,我们现在能有多少家呢?现在,我们只知道一家贵山书院。安顺有十三家书院,安顺的同学知道几家呢?紫云县也有书院,兴义有十家书院,大方有十七家书院,遵义有十七家书院,黎平府有二十五家书院,都匀府有十二家,镇远有二十家。这些历史中的书院现在还剩多少,那么这些书院的名称都叫什么?锦屏县的印台书院,建成于顺治年间,也是清代时期最早建立的书院;贵山书院就在贵阳,建成于康熙十二年;安顺双桥书院建成于康熙年间。过去我们有那么多的书院分布在各个地方,到现在县份上也有很多这样的书院,而正是因为这些书院培养了我们一代一代的读书人。书院有老师有书就像我们今天的学校,有学生在的地方就要阅读,在老师的指导和要求下阅读。

如今,大家人手一部手机,看电视、上网,那么,我们的时间到哪儿去了呢?我们的时间停留在手机上了,停留在我们今天这些媒体的终端上面去了,所以我们看书的时间少了。当然,手机也可以看书——电子阅读,事实上我们今天能在手机上看的图书是很少的,非常有限。所以面对这样的现象,我们的教育理念、教育方式和现代生活的变化,给我们今天的阅读带来了挑战。那么手机能不能阅读呢?可以。手机阅读的特性,是方便快捷,不用扛一大本书。但它的问题也很多,当在手机上阅读时,阅读易受干扰,很难长时间集中精力去看书。所以,我为什么把手机阅读和碎片式阅读联系在一起,因为时间被分成了若干块,手机阅读不太适合阅读那些经典的、需要深度思考的书籍,适合看什么呢,看娱乐性质的、轻松的、休闲的作品。

我们发现,无论在国外还是在国内,外国人很少用手机看书,他们喜欢阅读纸质图书。网络这个东西，西方人比我们认识得更深刻，在阅读过程当中他们希望小孩去图书馆借阅纸质图书，甚至有些人用拉杆箱去图书馆借书回来看。怎么应对挑战，值得我们去借鉴，所以我建议大家在规划自己阅读时间时，规划一个远离手机的时间。打个比方，你去吃饭，不带手机，除非真要处理急事；又比方说，上厕所不带手机，做作业时把手机调静音，只要把时间管理好，慢慢地，学习和工作效率就会很高。

为什么把阅读跟创新连在一起，跟我们的未来连在一起呢？

与大家讨论一个问题。我是受这个问题的启发去做的研究，到现在可能还没有谁从这个角度去研究阅读问题。

2005年温家宝总理去看望钱学森时，钱老问了总理一个问题："为什么这么多年培养的学生还没有哪一个的学术成就能够跟民国时期培养的大师相比，为什么咱们学校培养不出杰出的人才？"这就是著名的钱学森之问。

那时候思想界有民国时期的李大钊、胡适、梁启超，再往前有康有为，到后面在国外留学的有李政道、杨振宁，他们都是民国时期培养的。现在大家看的文学作品，有巴金的小说，有鲁迅的小说、散文，现在有人超过了吗？没有。再往后一点，比如沈从文，陈寅恪这些思想家，比如北京大学梅贻琦、蔡元培校长都是那个时期的。北京大学创始人李端棻是从贵州走出去的，在学界政界有非常重大的影响，以及从贵州出去的军事家、政治家、古建筑学家、文献学家朱启钤。那个时候出现的许多杰出代表确实令今人难以企及。这是为什么呢？我在想，这不仅仅是学校的问题，还跟图书馆有关系，跟阅读有关系。

学校教育，是教授一个人规定的应该学习的知识，大家在同一间教室，同一本教材，同一位老师，同一个观点，不管你喜不喜欢这门课，喜不喜欢这个老师你都得听，没有选择，这种情况下我们所学到的是各个学龄阶段应该掌握或者必须掌握的知识或技能。但是大家知道我们人和人是有差异的，比如我喜欢心理学，喜欢兵器、飞行器，包括在你们当中有喜欢种植树木、花草的，喜欢数学、化学、散文的。民国时期有一些大师，数学考零分，但可以在北大当教授，可以被北大录取。但是我们现在同一间教室，学同一门功课，受教于同一位老师，同一本教材，同样的教学方法，同样的观点，大家没得选择。那么你的选择在哪里？就是在课堂之外，到课堂以外走进图书馆。你喜欢数学就去看数学，喜欢物理就去看物理，喜欢宇宙奥秘就去看宇宙奥秘的书，看它究竟讲什么。图书馆就是激发你按照兴趣选择的地方，尤其是在公共图书馆。那么，既然我们想看的东西我们能够学到，我们能受到启发，那么我们就可以在课余时间完全按照自己的兴趣去阅读。只有一个人有兴趣时，他才可能有想象力，一个人只有在有想象力的时候才有创造力。

这就是我研究的逻辑。

那么我从哪个角度去研究呢，从诺贝尔奖。

能获得诺贝尔奖都是具有独创性的，而且是对人类具有重要意义的。我把一些获得诺贝尔奖的国家列出来，找其中的关系，验证关系，发现诺贝尔奖的个数与公共图书馆的个数存在较强的正相关，凡是公共图书馆发达的国家，其诺贝尔奖获得者较多。美国公共图书馆有17000家左右，每13000个人就有一家图书馆；下面列举几个国家，平均多少人拥有一家图书馆：英国12000人；加拿大10000人；德国6000人；奥地利4000人；匈牙利500人；以色列4000人；日本34000

人；俄罗斯2600人；咱们国家44万人才有一家公共图书馆。贵州威宁160万人口只有一家图书馆——威宁县图书馆，甚至有些地方根本就没有图书馆。

我做过调研，问好多同学知不知道所在县城还有一家图书馆，图书馆在哪里？有的回答，不知道。有一些同学倒是去过，没什么书，也就不爱去了。我问过出租车司机，他们对哪里的宾馆酒店、餐饮了如指掌，若问他图书馆怎么走，竟然有12%的司机找不到。对图书馆的边缘化甚至遗忘，表明阅读处在一个什么位置。这是全民的阅读，当然也包括个人。所以咱们从小读书到现在，从小学开始要考好的初中、考好的高中、考好的大学，唯一的办法就是刷题，没有时间阅读。如果是因为考试造成的，那今天我们大家也要如饥似渴去补上这个阅读，有时间就去找书看。从老师以及图书馆推荐的图书开始，一步一步地来。

我最近去了一趟意大利和西班牙，这两个国家街上没有什么繁华的地方，餐馆少，商店也不多，图书馆倒是蛮多。意大利6000万人口，诺贝尔奖获得者有19位。当然，意大利是文艺复兴的发源地，因为文艺复兴，所以有了现在的西方文明。因工业文明产生了达·芬奇、米开朗琪罗、乔托等伟大的艺术家。达·芬奇是著名的数学家、建筑学家、物理学家、化学家、艺术家、文学家、诗人，等等，这才有了文艺复兴。

西班牙4600万人口，有4600多家图书馆，他们对阅读的重视可想而知。

再有，以色列的人口700多万，咱们贵州毕节人口将近1000万，但以色列的图书馆就有2000多家。

以色列人读书到什么程度？小孩儿生下来会爬后，他的父母会把蜂蜜涂在书上，让小孩儿去舔，让孩子对书有一个香甜的印象，从婴幼儿时期就开始培养小孩儿跟书的关系，所以，他们是世界上年均阅读量最大的国家，一年的阅读量超过 60 本，就是这样一个 700 多万人的民族，有 12 位诺贝尔奖获得者。

耶路撒冷是一个沙漠化的地方，但同时它也是一个农产品出口国，他们完全可以让庄稼在沙漠里长出来。

俄罗斯家家户户都有藏书的习惯，特别喜欢而且很珍惜那些有文字的纸，哪怕是一片纸他们都很珍惜。"二战"时，图书馆的窗户都被炮弹打坏了，老百姓还在图书馆看书，外面是炮声隆隆，但图书馆里面的人还在安静地看书。

我们再来比较一下美国的年轻人，人越年轻，越爱图书馆，越热爱阅读。

近几年我们都在研究贵州的公共阅读，图书馆非常重视阅读的占 35%，比较重视的占 45%，还有 20% 认为一般或者认为没有用的，这是重视程度。但是阅读的频次，12% 的人基本上都不读书，一年 4 次去图书馆的有 23%，5 到 8 次的有 25%，9 次以上的有 40%，这是 2016 年的数据。去公共图书馆看书需要办一个读者证，咱们国家持有公共图书馆读者证的人占 2.5%，美国 68%，英国 58%，新加坡 43%。我们国家多少人连图书馆在哪里都不知道？贵州图书馆平均到访人次只有 0.133 次，全国平均 0.362 次，我省在全国排名最后，外借图书量排名最后，公共图书馆的藏书量排名也是靠后，排全国第二十七位。新增图书量排全国第二十八，购书经费排第三十，专业馆员更少。一家地方县级图书馆几千平方米，只有 3 个工作人员。这怎么为全县的几十万人口提供服务？

我想跟同学们交流的是，我们现在的阅读情况不是很好，但是这个不好有多方面的原因，其中有我们条件保障不够，也有我们自己的认识不够，我希望你们将来都能够为人之师，希望你们在将来工作当中，一定要想方设法让孩子养成阅读的习惯，这一点非常的重要，这是你们肩上非常重要的责任。从某种意义上来讲，阅读习惯的养成，比学到技能更重要，比会说多少英语单词，会画多少画，会弹多少乐器更重要。因为那些东西是外在的，而阅读习惯将让他受用一生，不仅提升他的学习能力，而且提高他的生活质量。你们试想一下，为什么我们今天有那么多人跳广场舞，因为他们没有阅读习惯。调研很多跳广场舞的人，他们一拿到书就打瞌睡，唯有跳广场舞可以让他们精神焕发。

未来无论是你们的学生，还是为人父母，一定要在孩子 12 岁以前养成他们的阅读习惯，养成他们的阅读习惯，你就教了他们一生的本领，也为他们幸福的一生打下基础。

今天，为什么选这样一个讲座题目，因为它太重要了，因为阅读关系到国家的未来和人的一生。

刚才，在我的举例当中，因为不阅读、因为没有阅读的环境，直到今天，我国的诺贝尔奖获得者只有两位，如果想要改变这个现状，我们就必须阅读，深入阅读，唯有如此。

最近我正在组织贵州公共图书馆条例的制定，想通过这个条例，规范政府保障图书馆设施设备的投入、环境的营造，大概 2020 年会出台这个条例，有了条例后，有没有人去读，那就是另一个问题了，这就需要我们在座的每一位，从现在开始就要意识到这个问题。

首先是对阅读的重视。阅读有几个重要的问题，一是谁阅读，读什么，如何读和在哪里读，这值得我们去研究。

我曾经进行过一个考察调研，去基层公共图书馆读书的都是些什么人？老年人看报纸，年轻人基本看不到，小孩子下了课才会去，在那里做作业，看书的不多，这其中就是一个大问题。老年人不是说不能读，当然可以读，对他来讲阅读也是生活当中非常重要的一项内容，安度晚年，这个非常好。但是，我们的年轻人不读啊，没有看到年轻人读书，小孩读书的时间也很少，所以，这一次制定条例，我借鉴了国外的一些经验，要求一个公共图书馆必须留出 20% 的空间作为少儿阅读区。为什么要这么做，因为国家的未来是未成年人的，所以阅读习惯的培养就要在公共图书馆当中以幼儿、未成年人阅读服务为重点，这是一个导向，必须这样做，我们与省级、地厅级地方官员讨论了多次，现在基本达成了共识。

国外图书馆买书当中必须有儿童的一半，我们没有这个考虑，未来的竞争是孩子之间的竞争，谁在阅读至关重要。一所大学谁在阅读，当然是大学生，像你们就是阅读的主体，因为你们的天职就是读书。

那读什么，这有很大的关系。

花溪区有贵州大学和贵州民族大学，在 20 世纪 80 年代有全贵阳市最好的书店，有两千多平方米那么大。贵阳人包括贵州师范大学的师生都会跑到那儿去买书，到了 20 世纪 90 年代书店缩小了，只剩一半，到了 2000 年缩小到仅有两百平方米。重要的是那里边有些什么书呢，考试用书、高考用书，剩下的是养生用的书、算命的书、升官发财厚黑学的书、炒股类的书，等等。既然卖这些书，那人们就是在读这些书。读什么东西太重要了，跟一个人交什么朋友一样，读书就等于交友，读好书就能交到好的朋友，读的好书多了，那你交的好朋友就多了，你这个人就阳光。所以你们除了得到老师的指导读什么书，还有一个很重要的渠道，就是看图书馆在进什么书，在推荐什么书，在读书过程中要有清晰的认识。

在一个人成长过程中，还没有定力的情况下，那个开卷可能就歪了，走偏了。图书馆为什么要做活动，活动当中为什么要让你们去辩论，就是要明辨是非，大家去做读书会，就是让大家选择一些好书来读，滋养你的人生，增长你的学识。

我今天不会给你们推荐什么书，你们读的书和我读的书可能不太一样。古代就专门有女孩读的书，还有专门的推荐，这些书是什么呢，讲行为规范。

中外的经典名著，如果能够读没问题，几百年来大家都是这么过来的，它是通过我们无数前辈筛选下来的经典名著，大家应该去关注，应该多读这种书。那么怎么读，首先从你喜欢的开始，从兴趣开始。

比如你喜欢诗歌，就从经典的诗歌开始，喜欢散文就从散文开始，喜欢小说就从小说开始，喜欢天文地理，那就从天文地理开始，从你感兴趣的图书开始，然后不断地扩展知识视野。读完一本书就像是在你的心里打开了一扇窗，这个窗口就是看世界的窗户，所以在读的过程中从易到难，这是读书的方法。

二是要有耐心，同学们可能开始拿到书会打瞌睡，尤其是那种厚的全是文字的书，刚开始就是这样，但是你要延长你的"困点"。也就是说你十分钟就困了，你这个时候可以放下，但是坚持也要看，下一次拿到十二分钟才开始困，慢慢下去，可能你看了一个小时也不会困，你慢慢进入佳境，不要一看书就犯困，以后就不再看了。要有耐性，要有韧性，要有恒心，一本书要坚持看完。可能需要五分钟看一页，十分钟看一页，都没有问题，但是得一页一页地往下翻，越看越快，越看越有兴趣。

在读的过程中，最好跟你的闺密也好，跟你的同学也好，跟他们分享，看的什么你就跟他分享什么。

分享很重要，在某种意义上来讲，这是你阅读的成就。

也许你的分享不够到位，但是会提升你的阅读兴趣，朋友对你阅读内容的询问会刺激你对后面的阅读，所以注意阅读的分享。

三是阅读过程中要善于记笔记，记笔记不是让你把书都抄下来，你觉得写得比较好的就把它抄下来，把你的感想写出来。可能一页书下来你只能写十个字、一句话，没有关系，以后你会慢慢地提升，再者也会锻炼你的写作能力，更重要的是训练你思考问题的能力。

怎么读书，每个人有每个人的读法，一百个人有一百种不同的阅读方式，但是基本的阅读方式还是一致的，希望大家在阅读的时候总结自己的阅读方法。

在什么地方读书，这个倒是没有什么特别要求，但是我有一个建议：在书香味浓厚的地方读书比较好，比如图书馆。在国外图书馆看书的人比较多，小孩一放学一到周末都会进图书馆，因为图书馆可阅读的东西比较多，选择的余地比较大，也比较方便，有氛围，也可以交流。好多大学生谈恋爱都会跑到图书馆去，他们认为那个地方充盈着书香味，同时也会想在那个地方谈的对象应该比较喜欢读书。

当然，你也可以选择另外一些地方，比如说去公园带一本书，坐车带一本，能看几页；坐飞机带一本书，飞个来回可以看半本，翻得快也可以把它看完；还有在枕边放一本书，也许你会拿到书就困，没有关系，放一本书在旁边你会比较踏实，养成了一个习惯，看半个小时书才能入眠。日积月累，会看很多书，会了解很多的事情，会在心灵里打开很多窗户，将来看世界你会跟别人不一样，将来你的内心会更宽广，对待人会更宽容。

因为阅读，你的眼界会越来越宽广，你的见识、见地就更加深刻，你的心胸也会更宽。

在这种情况下，我相信你们的未来一定会很美好，所以我们的国家，我们的民族的未来也一定会很光明。

阅读决定未来，尤其是你们为人之师、为人父母后，重视阅读、养成习惯尤为重要，希望你们将来热爱阅读，让阅读成为你们生活当中重要的内容，甚至成为一种信仰。

这是我这堂课想表达的意思，希望你们将来成为一个阅读人，一个阅读推广人。

录音稿整理：2019 级学前教育 7 班　李烨

2019 级学前教育 7 班　谢琴

作者简介

卢云辉，贵州民族大学教授、图书馆馆长、社会学专业硕士研究生导师、贵州民族大学第五届中青年学术科研骨干、第三批教学名师；贵州省图书馆学会副理事长、常务理事；中国图书馆学会阅读史研究专业委员会主任、第十二届全国人大代表；贵州省政协第十届委员会委员、贵州省政协第十届委员会人口与环境资源委员会委员；民盟中央《多党合作与统一战线理论研究》特约研究员、贵州省委统战部统战理论研究会常务理事。主要从事社会学、图书馆管理、马克思主义中国化研究。

学生课后感文章选录——

阅读让眼界更开阔

2019 级学前教育 7 班　李　烨

这几天一直在整理讲座"阅读·眼界·未来"语音文件，可以说是受益匪浅，也知道了阅读的重要性。说到阅读，我们从小到大，从幼儿园开始到现在，一直都在读书。我不禁在心底发问："老师，难道我们这前面十几年的书，是白读了吗？难道我没有阅读吗？我们今天还要来讲如何去阅读吗？"

经过整理老师音频讲座我明白了，这是我们需要讨论的一个非常重要的话题。作为师范院校的学生，作为幼儿师范学前教育专业，我们将来都会当老师，面向的都是未成年人——幼儿。而他们，正是一个国家、一个民族的未来与希望，培育他们的重任也就落在了我们的肩上。

阅读的重要性如同卢云辉老师所说的一样，人类最伟大的智慧、最伟大的思想，没有办法从父母那里通过基因来拷贝、遗传，而是深藏在那些伟大的书籍之中。因此，没有阅读就没有个人心灵的成长，就没有人的精神发育。人的精神可以因阅读而蓬勃葱茏、气象万千。

古代的学子，为了考取功名，几十年都在读书，都在读不同的书。更有多个求学和读书的经典典故，他们对读书的渴望已经达到了极致，他们无时无刻不在向我们证明阅读的好处及重要性。而我们今天却很少看到这样的人了，可能都被各种工作、游戏等占用了时间，不想分出多余的时间去阅读。现在阅读的人，反而是老年人占多数，就只有他们还保留着阅读的习惯。

回顾我之前的阅读情况，一个学期下来也才五六本书而已。而且还是为了应付老师布置的阅读笔记作业，去图书馆的次数也是屈指可数，根本就达不到标准，可以说我的阅读时间及计划都不达标。我把时间都给了在校科目学习、做作业以及游戏，听了音频后，我感到很惭愧，我知道阅读的重要性了，我会做出改变，一点一点去改变，把阅读时间一点点加长，把感兴趣的书目看一看。

因为阅读真的会改变一个人的气质，古时候的书香气息便是这样而来的。阅读也可以开阔我们的眼界，不再是井底之蛙，所以阅读很重要。

阅读开阔我们的眼界，影响我们的未来，所以从现在开始，抓紧阅读吧！

阅读与创新

2019 级学前教育 4 班　徐颜席

阅读无处不在，阅读使人快乐，阅读使人进步。

鲁迅先生曾经说过："读书要眼到、口到、心到、手到、脑到。"当然阅读就是最基本的心性培养。

2019 年 11 月 15 日晚，贵阳幼高专图书馆有幸邀请到贵州民族大学教授——卢云辉教授做客"红枫湖·百家讲坛"。

卢教授告诉我们：人类的智慧深藏于书籍之中。唯有通过阅读才能认识传承和发展，人的精神因阅读而蓬勃葱茏、气象万千。阅读能够拓展眼界，眼界能够成就未来。

阅读的眼界决定心的格局，阅读的格局，框定人生的命运。眼界有多宽，心就会有多宽。井底之蛙，只能看到井口那么大的天空。所以说，一个人的眼界决定了他的未来，眼界宽者其成就必大，眼界窄者其作为必小。

在现实生活中，有的人缺乏理想，不敢冒险，结果只能守着自己的"一亩三分地"勉强度日；而有的人好高骛远，不切实际，想要一蹴而就，结果四处碰壁，前途黯淡。

其实，我们应该像修管道的年轻人那样，首先，树立一个明确的目标，并朝着这个目标坚持不懈地奋斗；其次，要为自己的梦想准备基金，人活着就得生活，就得工作，不能为了理想而饿肚子。因此，要学会迂回，一边工作一边赚取经验，等到了一定的程度，自然就会水到渠成，瓜熟蒂落。

英国现实主义作家安东尼·特洛普曾说："读书的习惯是唯一没有杂质的享受，它比其他任何乐趣都给人以更持久的乐趣。"阅读习惯是在心灵深处装了一部发动机，一个人养成了读书的习惯，一辈子不寂寞。没有读书的习惯，一辈子不知所措，很多人的成功都得益于良好的阅读习惯。

有人说过："优秀的书籍就像一盏神灯，它照亮了人们最遥远、最黯淡的生活道路。"或许这就是阅读的魅力吧。它就像人生的道路，总会在跌落时给予我们精神的支撑，指导我们前进的步伐，时刻让我们警戒自己，清楚自己的人生道路和方向。

阅读是一种心与心的交流，是一种让自己宁静思考的方式。

一个人，不仅要有知识，还要有见识，少见多怪者，常是烦恼的制造者。见得多，问题看得透，心结打得开，遇事善体谅，情绪能释放，眼界决定未来。

人们在阅读的海洋中，遨游在知识的世界里，不仅读懂了很多道理，也读懂了人生的苦与乐。书会告诉你，未来可期。

枕边有本书，就枕着一片天地

2019 级学前教育 7 班　谢　琴

阅读是什么？阅读是读一本书，看一本资料的过程。阅读还有更重要的意义，它决定着我们的眼界与未来。阅读不仅是阅读本身，它和思考与想象，在我们大脑里创造着一个真正与别人不同的世界，在你的大脑里掀起独一无二的风暴，给你打开世界的力量。

而我们需要怎样去阅读呢？

眼睛是心灵的窗口，能看到世间的悲欢离合、世态炎凉，这是生活。

阅读在当今这个时代呈现逐年下降的趋势，因为更多人喜欢的是来自网络上的更直观的知识与信息。阅读不仅是获得一些知识与信息，更重要的是拓展精神世界。

当今社会是在不断地发展，不仅是我们国家，世界上所有国家都在不断地发展。一个国家的未来，是他们的年轻人，他们年轻人的未来是需要去阅读从而找到自己的人生之路，也逐渐成为支撑国家的一根坚固的柱子。所以卢云辉老师在推广阅读，他希望我们成为阅读者，也希望我们成为阅读推广者。

我们所学的专业与职业是面向国家的希望，所以应该是我们培养孩子的阅读习惯。这样的习惯是越早培养越好的，不要等后期发现孩子不爱阅读又去千方百计地劝他阅读。

阅读可以决定你的思维方式，可以帮助你更宽心地对待所有你面临的事物。读万卷书，行万里路。只是阅读的方式不同，相同的是都是对未知事物的探解，不管用什么方式，人是不能止步不前的，阅读就是最好的推进方式。

枕边有本书，就枕着一片天地。

阅读能安抚一天的疲惫，还你一场舒心的美梦。希望你的心里有一本书，看淡是与非，予你一腔热爱与一片花海。

▽

第三十三期

苗族在抗日战争中的牺牲与贡献

麻勇斌

一、故事题目说明

为什么以"苗族在抗日战争中的牺牲与贡献"为题？我要给大家做个简要交代。三个理由：

1. 2015 年是抗日战争胜利 70 周年。抗日的故事，尤其是那些鲜为人知的历史事件，我们不能集体失忆。知道历史信息的人，有必要让更多的人知道。

2. 我是苗族人，我只熟悉苗族的故事。苗族是中华民族的重要组成部分，是一个拥有五千多年历史的古老民族。其始祖是同炎帝、黄帝逐鹿中原的"古天子"蚩尤。五千年前的战败、五千年的迁徙，苗族始终不改中华情怀。作为苗族的一员，我感到骄傲与自豪。我想讲苗族抗日的故事。

3. 苗族抗日的故事，在座的人很少听过，甚至根本就没有听说过。因此，苗族在抗日战争中的牺牲与贡献，无疑是新故事，是有听头的故事。

二、说明只讲"中国苗族抗日"

1. 苗族是一个世界性的民族。苗族分布很广，中国、越南、老挝、泰国、美国、澳大利亚等国家和地区都有。苗族参加抗日战争的情况比较复杂，内容很多，在有限的时间内没有办法讲完。

2. 中国苗族参加抗日，是一个很少有人研究的历史问题。还有很多资料我没有掌握，只能根据我掌握的资料来讲。

3. 讲述顺序。

（1）参加抗日的两个苗族家庭。

（2）参加抗日的一支苗军。

（3）参加抗日的苗族为主的国民革命军正规军建制师。

三、参加抗日两个苗族家庭的故事

1. 富豪之家：八堡总爷家的抗日

（1）与我家的关系：我父亲的祖母的堂兄。

（2）主要内容：八堡总爷家的两个儿子（龙二团长、龙三营长）参加抗日，战死沙场。八堡总爷在家举办了四十九天的法事，赶尸回家，时间是 1939 年或 1940 年。此外，他还组织三十多条大船，把在常德战死的苗族抗日烈士，数百人的尸体运回安葬。

2. 穷苦之家：麻正营参加的抗日

（1）与我家的关系：按照族中辈分，我称他为二公。

（2）主要内容：在罗启疆的第三十四旅当兵，参加上海会战失利后，被编入守卫南京城的部队，当重机枪手，后升任营长，在重庆解放时投诚、回乡。

我之所以选择跟我有血缘关系的两个苗族家庭参加抗战的故事，是为了避免被同学们误解为"本故事纯属虚构"系列。本故事一点都没有虚构，因为故事主人公的后人就在你们面前。

八堡总爷，是一个世袭的官员。他们家从明朝开始被皇家封的官，一直做到清代，管辖八个堡，故称八堡总爷。八堡的范围大概是今天一个乡，人数有八千到一万。

八堡总爷是我父亲的祖母的堂兄，姓龙。他家的故事是我的父亲跟我讲述的。八堡总爷有五个儿子，两个儿子在国民党军队当官，二儿子当了团长，叫龙二团长；三儿子当了营长，叫龙三营长。八堡总爷的这两个儿子，在沙市会战中壮烈牺牲。死讯传到八堡总爷家里，八堡总爷召集四十九名大法师，在家里作法，要把两个战死的儿子召回来，并举行了盛大的安葬仪式。

八堡总爷在儿子战死后，做了两件令人匪夷所思的事情。第一件，是他召集了堡内能够撑船的水手和三十多条船，准备了几百丈白布，沿着松江河向武汉开拔。还没到武汉，武汉就已经沦陷了。刚好碰见常德之战打完，死了很多的人，没人收尸。八堡总爷就把数百名战死在野外的尸首用白布包裹后装在船上运了回来，隆重安葬。第二件，是从武汉回来后，八堡总爷迅速找了一个年轻媳妇。他此时此刻已经有二房了，但是还要找一房，就是三姨太，要给他生孩子。人家问他为什么还要生孩子，他说跟日本人打的这个仗，一时半会打不完，得打下去，得有人。

　　八堡总爷还收留了三户流浪的汉族家庭，分别为林姓、王姓、李姓，就安顿在我们寨子里。现在，那三户汉族家庭的后代已经变成了苗族，他们的孩子跟我们小时候一样不会说汉语。按照血统他们是汉族人，但是今天他们完全融入了苗族。

　　第二个故事讲述的是一个穷困家庭，主人公名叫麻正营。这不是他的原名，因为在军队里当了营长，正营级，所以人们管他叫麻正营。按照族中辈分，我称他为二公。1935 年 7 月 12 日，我祖父和他的七名兄弟一起被国民党松桃县政府谋害。祖父死后，我们的寨子也被国民党军队摧毁。二公和我祖父平时要好，有"土匪"嫌疑，被迫逃跑。他逃到镇远，在罗启疆的第三十四旅当兵。因为二公的枪打得好，被器重，成了重机枪手，从排长当到营长，直到重庆解放才返回家乡，活到90 来岁。二公说，日本人打仗很厉害，是因为他们武器装备好，如果武器一样的话，他们未必打得过咱们。由于打仗打得好，二公升任连长，长官批准他带了十多名战士回家看望母亲。他家很穷，家里有母亲，还有一个弟弟。母亲说："孩子啊，你带那么多客人回来，我们家没吃的怎么办呢？"二公去向富裕一点的人家借米回来煮给兄弟们吃，但是饭做好了又发愁了，没有好吃的菜呀！怎么办？寨子里有个猎户给他出了一个主意，说："肉是很多的，只要你们肯打，它就来了。"二公说他们是正规军，不抢人。那个猎户说等到晚上大家十多人十多支枪埋伏在山口，他把老虎喊下来，把老虎干掉就有肉吃了。猎户在山口不远处挖了一个小坑，等到晚上天黑了，在小坑里吹竹筒，吹出的声音跟老虎的嚎叫一模一样，很有节奏感，山里的老虎立即呼应，并集群赶来寨子。老虎来到战士埋伏的山垭口，十多支枪一起发射，杀了四只老虎。这就是二公的传奇。

四、国民革命军暂编第五师、暂编第六师抗战的故事

1. 以湘西苗族人为主的国民革命军暂编第五师、暂第编六师的资料说明

刘述善《湘西苗族革屯史录》（贵州省民族研究所编印，1985年）、石启贵《湘西苗族实地调查报告》（湖南人民出版社，1986年12月）皆叙述当年湘西苗区"革屯抗日"的过程梗概。湘西州花垣县民族事务委员会、花垣县政协文史委编的《花垣苗族》，松桃苗族自治县民委编的《松桃苗族自治县民族志》（贵州民族出版社，1991年2月），都记述了苗族革屯军接受整编前的一些活动。《时空档案》发表的《湘西革屯军是怎样走上抗日队伍的》，简略叙述"革屯军"改编为国军后的主要战事。

2. 这两个师诞生的故事

这两个师的前身是民国时期湘西苗族革屯军。

1936—1937年，以永绥（今花垣县）、凤凰、乾城（今吉首）苗族人为主，掀起的抗缴屯租、革除屯田的武装斗争，史称"革屯"运动。革屯军攻陷了乾城、麻阳、凤凰、永绥等地，对国民党在湘西的统治势力是个沉重打击，促使国民政府不得不废除清朝强加给苗族的"屯租"制度。

湘西"屯租"制度始于清朝乾嘉起义之后。清王朝为了加强对苗民的控制，采用凤凰厅同知傅鼐"总理边务"的建议，修复明代边墙，广建碉堡哨卡，实行"均田屯丁""以苗制苗"等政策，先后在凤凰、

永绥、古丈、保靖、麻阳、泸溪七厅县均丈归公田土共 152000 余亩。这些归公田土被称为"屯田"或"官田"。这样，苗族的九成田土皆被没收了，变成了所谓屯田官田。

民国取代清王朝以后，不仅全盘承袭了清王朝在湘西苗区实行屯租剥削的制度，而且更加腐败残酷。民国初，政府在湘西设立屯务经理处，主持湘西有屯七县"屯租"催征和收支。地方军阀将"屯租"据为己有，作为扩充自立的基础。大小屯官和各县各乡各区官吏，乘机竞相浮收滥征，苗民所受的剥削有增无减，民族矛盾日趋激化。因此，1933—1935 年，爆发了以诉愿活动为主要形式的"革屯运动"。到 1936 年春，转为武装革屯。

由于连年遭遇灾害，屯租无出，陈渠珍还派督征人员和屯务军来永绥县"催征积年尾欠"，并预征当年冬粮和第二年租谷，致使苗族群众抗租情绪急剧高涨。永绥县屯务军指挥宋濂泉，利用群众情绪，联合地方地主乡绅，举起反屯抗租旗帜，聚合 5000 人马，在太平乡的麻栗场，抗击陈渠珍派来催租的屯务军，并战胜之，史称"永绥事变"。

以"麻栗场一役"为发端，在永绥县城乡间掀起了轰轰烈烈的抗租革屯运动。1937 年 1 月 26 日，永绥县龙潭乡马王塘的苗民石维珍、石里伯、石巴拉等人，首先发起武装暴动。苗民起义队伍击溃前来镇压的一个屯务军连，缴获 20 多支枪支，建立起了第一支队伍。之后，梁明元在永绥县长潭乡（今花垣县长乐乡），组织了第二支革屯武装队伍。这支革屯队伍迅速发展到 300 多人。随后，保靖县水田乡苗民石兴顺亦发动起来，杀了屯官，抢了屯粮，组织数百人的革屯队伍，参加到梁明元所领导的革屯队伍中。

石维珍与梁明元在隆子雍的提议下进行两军合并，两支义军会合一处，队伍发展到 1000 余人，由隆子雍统一指挥。不久，吴恒良、黄汉浦、向备三等诉愿团的领导人，也加入了革屯军。

湘西屯务处处长余范传、永绥县县令李卧南，见革屯军势力越来越大，只得请求原湖南省主席何健调兵增援。何健派六十二师刘建绪率领先驱旅，赶至永绥进行清剿，又调地方五个保安团、四个暂编团协助。同时，散发告示，诬称吴恒良、隆子雍、梁明元等人为土匪，悬赏捉拿，查抄其家产。1937 年 3 月 27 日，官军偷袭隆子雍的家乡唐家湾，杀害隆子雍的父亲及本寨苗民 7 人，全寨财物被洗劫一空。接着又袭击梁明元等人的村寨，杀害革屯军大小首领亲属，焚烧其房屋。

1937 年 8 月初，梁明元、石维珍等组织召开革屯军会议。按隆子雍的主张，将"永绥苗民革屯自卫军"改为"湘西苗民革屯抗日军"，制定军法军纪章程规范，并建立指挥部，将分散隐蔽在各县、各乡镇的革屯军队伍重新集聚起来。革屯抗日军的指挥中心设在永绥县、保靖县交界处的谷坡。会后，梁明元、石兴顺等率领革屯抗日军千余人，进兵保靖县水田乡，开仓分谷，烧毁屯仓，发出告示，宣布废除"屯租"制度。

1937 年 8 月 17 日，革屯抗日军打败驻守保靖的一个保安团和屯务大队。与此同时，在川黔边界的吴恒良等人，集结了 5000 余人马，回到永绥县铅藏乡。革屯抗日军在太阳山召开各支"革屯军"首领会议。吴恒良被推举为总指挥，隆子雍任副总指挥，梁明元为前敌总指挥。

1937 年 8 月 22 日，革屯抗日军攻打石栏乡，杀掉乡长石鉴仙；8 月 29 日，进攻吉峒乡，打死乡长陈启光，杀掉千总石秀德；9 月 2 日，梁明元、吴恒良于永绥县下寨河设伏，在来自凤凰革屯军麻老维（原名麻玉清）的支援下，重创了前来镇压革屯军的乾城县及保靖县的保安部队和屯防大队，革屯抗日军并进围攻永绥县城。

永绥革屯军起义后，凤凰县各苗乡群众及陈渠珍、龙云飞的一些旧部，也组织起来，加入"革屯运动"。

龙云飞是湖南省凤凰县腊尔山镇人氏。他曾在国民党部队陈渠珍帐下任过排长、营长、湖南警备团三团长、湘西游击司令、七县屯务军凤（凰）麻（阳）总指挥、凤（凰）麻（阳）警备司令、第十九师旅长等职。1935 年，龙云飞脱离部队，在家闲居。

1937 年 8 月底，龙云飞在凤凰打出"革屯抗日救国军"的旗帜后，于 9 月 8 日攻占乾城，并发出通电，提出"革屯""抗日"的主张。

在麻阳县，几乎与龙云飞起义同时，龙杰于 1937 年 8 月底，在县城锦和镇发动起义，控制了麻阳县城。龙杰召集各乡自卫中队，编成五个连，约 800 人。他在麻阳县成立"抗日抗屯义勇军"之后，又把队伍带到腊尔山，与龙云飞的革屯抗日救国军会合。

1937 年 9 月 15 日，梁明元、吴恒良在永绥县谷坡召开湘西苗民革屯抗日军成立大会。会议决定由吴恒良任总指挥，隆子雍任副总指挥，向备三为参谋长，梁明元为前敌总指挥。保靖田伯卿率领部队归入"革屯军"，被编为第一旅；龙云飞部被编为第二旅；贵州松桃的杨勇臣所领导的革屯军队伍，被编为黔省独立营；活动在四川秀山与龙山里耶一带的龙焕云，被龙云飞任命为湘川黔革屯抗日军第五路指挥，又被隆子雍委任为团长。至此，湘川黔革屯抗日军发展到了万余人，响应群众达十余万。

革屯抗日军整合后，吴恒良、梁明元率部攻打永绥县城，田伯卿、龙焕云率部攻打保靖县城，龙云飞率部攻打乾城，龙杰率部攻打麻阳，隆子雍率部围困边城茶峒。局势发展到了使国民党当局大为震惊的地步，何健只好改剿为抚，派永绥人石宏规、桑植人陈策勋等，到永绥乾城宣抚，凤凰县沈从文、永绥县陈庆梅等名人也帮助斡旋。国难当头，革屯抗日军的头领们深明大义，同意放弃武装斗争，同国民政府谈判，政治解决"屯租"苛政。

1937年11月下旬，张治中来湘接任。同年12月初，通过湘西籍国军将领龙矫、向敏思、喻恩奇的安排，于长沙约见隆子雍、向备三等革屯抗日军代表。张治中全权代表国民政府同意"废屯升科"，隆子雍全权代表湘西苗民革屯抗日军同意接受改编为国民革命军，服从调遣。双方达成协议，改编后开赴抗日前线，对日作战。1938年1月12日，张治中取消原湖南省主席何健发布的通缉吴恒良等的命令。1938年2月末，湖南省政府会议正式通过决定，废除屯租，撤销湘西屯务处和征收局。至此，延续140年的湘西苗疆"屯田"制度宣告结束。

1938年3月，革屯抗日军领导人吴恒良、隆子雍等，履行诺言，率领革屯抗日军接受改编。被编为湖南保安部队，新编第一团、第二团、第三团、第四团、第五团和新编第一旅，驻防湘西各县，维护沅水、酉水水路和湘川公路沿线安全。1939年春，这些部队被国民政府编为第九战区机动作战部队：国民革命军陆军新编第六军，军长为陈渠珍，副军长为沈久成。第二次长沙会战结束后，新六军番号撤销，新编第六军暂编第五师编入七十三军，暂编第六师改隶七十九军。

3. 暂编第六师建制及对日军作战的故事

国民革命军陆军暂编第六师,属于国军七十九军。先是丙种师编制,后因作战英勇,提升到乙种师编制。全师官兵(满编时13000余人,各次会战后只剩3000人到8000人不等,又补充新兵,达到13000人)。其中,第一旅辖3个步兵团,9个整编营,2个机枪加强连,1个炮兵排,1队汽车连,有6000人马;第二旅辖4个步兵团,12个步兵营,2个机枪加强连,2队汽车连,1个炮兵排,5个独立小队,有7000余人马。

该师的主要将领:师长龙云飞,湘西凤凰县人,陆军中将;副师长杨光耀,湘西古丈县人,陆军少将;参谋长文益善,湖南东安县人,陆军少将。第一旅旅长杨光耀,湘西古丈县人,陆军少将;第一旅第一团团长龙恩普,湘西凤凰县人,陆军少将;第一旅第二团团长沈岳荃,湘西凤凰县人,陆军少将;第一旅第三团团长龙杰,湖南麻阳县人,陆军少将;第二旅旅长龙矫,湘西花垣县人,陆军少将;第二旅第一团团长田伯卿,湘西保靖县人,陆军上校;第二旅第二团团长隆清富,湘西凤凰县人,陆军中校;第二旅第三团团长龙和清,湘西凤凰县人,陆军中校;第二旅第四团团长隆子雍,湘西花垣县人,陆军少将。

该师参加的主要战役:1939年第一次长沙会战,1939年12月冬季攻势;1941年第二次长沙会战,1941年上高会战;1942年浙赣会战;1943年鄂西会战,1943年长衡会战,常德会战;1945年湘西雪峰山会战。

第一次长沙会战时,暂编第六师驻守株洲,多次击溃来犯日军,扬名第九战区。

1941 年 5 月，第二次长沙会战结束不久，因兵力损失较大，暂编第六师进行编制和人员调整，补充的兵员多为原革屯抗日军编余的保安团人员。

1943 年 5 月，参加鄂西会战，暂编第六师苦守暖水街，死守石牌，被第六战区长官司令部称为翘楚之师。

1943 年 12 月，暂编第六师由衡阳调往株洲，参与第三次长沙会战。

1944 年 5 月，暂编第六师与九十八师、一九四师保卫衡阳。

1945 年 6 月，湘西会战结束，七十九军撤销暂编第六师建制。

4. 暂编第五师建制及对日军作战的故事

国民革命军陆军暂编第五师，属于国军七十三军，建制与暂编第六师相当。

该师的主要将领：师长戴季韬，陆军中将；汪之斌，湘西永顺人，陆军中将；吴恒良，湘西花垣人，陆军少将；彭士量，湖南浏阳人，陆军少将，追赠陆军中将衔；副师长汪援华，湘西永顺人，陆军少将；步兵指挥杨光耀，湘西古丈人，陆军少将；步兵指挥龙矫，湘西花垣人，陆军少将。

该师在 1939 年至 1945 年 6 年间，先后历经三次长沙会战，鄂西会战，常德会战，衡宝会战，湘西会战，成为不逊于中央军的甲种师。1943 年 11 月，血战华容，损失一个半团的兵力；常德会战，7000 名官兵同师长彭士量英勇殉国，副师长吴恒良率领 1000 多名官兵突围，身负重伤。会战后，经国民政府军委会统计，暂编第五师近万人几乎阵亡殆尽，8000 湘西苗族子弟，全数殉国。

五、国民革命军八十五师、八十二师抗战故事

1. 以松桃苗族人为主的国民革命军八十五师、八十二师的资料说明

故事中的罗启疆、毛定松、杨恩贵、欧百川、吴俊仁、龙骧、曾元三等，这些抗战英雄的名字，在很多历史档案和书籍里面存在。比如，《欧百川传》《松桃文史资料》都记述了罗启疆任师长、欧百川任参谋长的国民革命军八十二师抗日的重要事件。

2. 第一个故事：八十五师对日作战

1937 年 7 月 9 日，也就是七七事变爆发后的第三天，八十五师接到命令，奔赴平津战场。

八十五师与松桃的渊源很深，主要是黔东的人。其前身是贵州的四十三军，李晓焱任军长。李晓焱死后，其残部被谢彬召集，改编为十四师。松桃人刘竹铭，与师长谢彬关系很好。后十四师被改编为八十五师。谢彬为师长，刘竹铭为参谋长。该师的主要兵员为铜仁和松桃人。1935 年 8 月，该师在与红军作战时，师长谢彬战死，刘竹铭升任代师长。后来，蒋介石派遵义人陈铁任师长，刘竹铭因反对被杀。于是，八十五师师长成了中央军嫡系，为甲种师配置，战斗力很强，驻扎安徽。1937 年 7 月 9 日，在卫立煌的指挥下开赴平津战场。这支部队主要参加了南口战役，解了刘勘之围；后转移山西，参加了忻口会战。此战后全师只剩下一个营，铜仁和松桃籍官兵至少牺牲了 5000 人。接下来这支部队又参加了中条山战役，惨败，松桃人上校团长邱明战死，吴俊仁负伤藏匿在农民家中，后乞讨回来，九死一生。该师

的松桃子弟兵后来几乎全部阵亡。

3. 第二个故事：八十二师对日作战

八十二师，师长、参谋长和主要军官与士兵，是松桃人，有部分是沿河、秀山、花垣人。这支部队的后方留守处设在秀山，负责兵员招募。

淞沪会战开始后，驻扎在镇远的罗启疆将军主动请缨杀敌。当时，罗启疆是国民革命军独立第三十四旅旅长。第三十四旅共 6000 余人。这支部队基本上是松桃人，最早投靠川军的赖星辉，后来参加北伐，参加王天培、彭汉章的第十军。

淞沪战场上，第三十四旅主要是在浏河、大场作战，伤亡了 2000 多人。后来，撤退到安徽芜湖一带，在扁担山再次阻击了日军。苦战后，这支部队只剩下不到 2000 人。

由于罗启疆英勇善战，受到蒋介石的接见，被重新授予预备十三师番号。他收纳了第三十四旅的一些残部归入预备十三师，同时，再次回到松桃招兵，8000 人编制，招募了 12000 人。因为罗启疆在家乡父老心中享有忠义智勇威猛之名，家乡子弟都愿意追随他。

预备十三师经整编集训完毕后，与八十二师合编，保留八十二师番号，罗启疆任师长。部队整编结束后，马上参加武汉会战，在马当要塞解了张轸之围，后来在黄石港、苇沅口、大屿一线布防，战斗打得很惨。其中一个连被日军海军陆战队包围，子弹全部打光了，全连官兵跳进深不可测的云雾洞中，壮烈牺牲，悲壮无比。中华人民共和国成立后，武汉人民在云雾洞洞口立有纪念碑。

武汉会战结束后，八十二师撤退到湖南，参与了第一次长沙会战。

1940 年 4 月 5 日，罗启疆病逝于军中，被追赠为上将，葬于衡阳南山忠烈祠。他死后，由欧百川接任八十二师师长。先后参与了第二次、第三次长沙会战。

第三次长沙会战之后，接到了参加远征军的作战命令。由于出发前陈诚部下意欲吞并这支部队，八十二师在欧百川的带领下闹了一次兵变，史称"太子庙哗变"。因此，耽误了参加远征军的行程。后来，该师调往云南文山一带整编，隶属何绍周的第八军，一直整休到 1944 年初，参加了第二次远征军滇西反攻战。

八十二师的毛定松因军事才华出众，被调任九十八师参谋长，后任一四〇师副师长、师长。八十二师在太子庙哗变后，一批松桃人跟随毛定松进入一四〇师，该师的主要兵员来自黔北一带。

1944 年春，八十二师编入卫立煌的中国远征军预备部队第 8 军。第 8 军下辖荣誉师、一〇三师和八十二师。一〇三师以遵义子弟为主；八十二师以铜仁、松桃人为主，荣誉师主要由伤残军人康复者组成，主要兵源为川东、湘西和黔东子弟。

远征军作战，以松山战役最为惨烈。先是刘伯龙任师长的新 28 师攻打。由于日军在松山构筑的堡垒坚固异常，新 28 师强攻五次都没能打下来，付出了惨重代价。后来不得不调上预备部队第 8 军。第 8 军在几次受挫后改进战术，采取逐点击破的办法进攻。八十二师的一个工兵连长提出了坑道爆破的战术，得到指挥部的采纳。

八十二师 245 团为掩护工兵作业，牺牲惨重。该团团长是松桃人曾元山，后升任一〇三师师长，1949 年后在贵州省政府工作。八十二师 244 团在此次战役中作战勇猛，全团打得只剩下 100 人左右。该团团长文安庆也是松桃人。

八十二师以火焰喷射器强攻 2 个多月，在付出极大牺牲后终于获胜，驻守松山的日军一个联队全军覆没。由于牺牲惨重，八十二师几乎拼光，在 1945 年被撤销番号。

4. 第三个故事：万式炯带领的苗兵、龙骧招募的苗兵对日作战

国民革命军一〇三师的一个团长，名叫万式炯，在铜仁招募了不少子弟兵，其中有很多松桃人。这支部队参加南京保卫战，在中华门参加阻击日军。在撤退时，遭遇日军的一个中队。凭着苗人的一股子蛮劲，硬是打残了这个日军中队，杀出一条血路，实现突围成功。

孙立人的远征军里有许多松桃人。这些战士，主要由松桃黄板的龙骧招募和训练。龙骧先是在税警团，后改为保安总团任职，在淞沪会战中带领了约 1000 名松桃子弟兵参加淞沪会战，牺牲过半。战败后成为替罪羊获罪。后来得孙立人开释并重用。龙骧先后在松桃招募了 2000 多名子弟兵，输送到远征军。

六、故事小结

1. 苗族参加抗战的有 10 万人左右，相当于这一时期苗族人口的 5%；在抗战中牺牲的苗族将士有 7 万人，相当于这一时期苗族人口的 3.5%。

2. 苗族主动参加抗战的意义

第一，苗族在中华民族处于生死存亡的抗日战争时期，以贫弱之躯担当使命，主动参加抗日，凭壮士不归的勇气与日军作战，付出 7 万名将士的鲜血和生命，为中华民族抵御外辱、救亡图存作出了自己

最大的努力，这一真实的历史，是中国抗战史的一个组成部分，值得被铭记、褒扬和传颂，国家关于抗战的表述和追忆，应当给予应有的记录和说明。

第二，苗族主动参加抗日战争，是一段鲜为人知的光荣历史。了解这段历史，有利于促进包括苗族在内的人们更加了解苗族，了解苗族关于中华认同、国家认同的自觉行动，以正确的思想与方法，对苗族历史进行新的客观认知。

录音稿整理：2018 级学前教育 12 班　杨婵

作者简介

麻勇斌，研究员，贵州省社会科学院历史研究所所长、贵州省黔学研究院执行院长、贵州三线建设研究院执行院长、国务院特殊津贴专家、贵州省委办公厅"服务决策专家库"专家、贵州省人大常委会咨询专家、贵州省非物质文化遗产保护专家委员会委员。主要研究贵州文化建设、贵州苗族文化、贵州文化旅游等领域。出版个人专著6部，其中《苗族巫辞》荣获中国文联颁发的"民间文艺学术著作山花奖·优秀奖""第一届贵州省政府文艺奖·三等奖"。

了解历史，珍惜今天，着眼未来

2018 级学前教育 12 班　李　平

听了麻勇斌老师 2018 年 11 月 1 日的《苗族在抗日战争中的牺牲与贡献》讲座后，我了解了苗族的抗战历史，以及苗族人民为国家做出的牺牲与贡献。我意识到，我们生活在一个幸福安康、繁荣稳定的国家是多么不容易。

讲座开始，麻勇斌老师说：2015 年是抗日战争胜利 70 周年，苗族抗战，那些鲜为人知的历史事件，我们不能集体失忆，他作为知道历史信息的人，有必要告知大家自己所知道的。另外，苗族抗战的故事，鲜为人知，其牺牲与贡献无疑是新故事，是有听头的故事，值得一讲。

鉴于中国苗族分布广，参加抗日战争的情况比较复杂，内容较多，无法在有限的时间内讲完，因此，麻勇斌老师着重讲了武陵山区苗族的抗日故事。他说，国民革命军八十五师、八十二师的抗战，都是苗族子弟领导的抗战，这些英雄，十之八九牺牲在了与日本人搏杀的战场上，很多松桃的苗族同胞没有归来。麻勇斌老师还说，《欧百川传》

《松桃文史资料》，都记述了松桃苗族人罗启疆任师长、欧百川任参谋长的国民革命军八十二师抗日的重要事件。

随后麻勇斌老师还讲了，湘西苗族屯革军改编的国民革命军暂编第五师、暂编第六师的抗战故事，以及松桃苗族民间组织的抗日和支持抗日的故事，故事精彩纷呈，人物栩栩如生。

讲完了这些抗战故事后，麻勇斌老师又介绍了苗族抗战的意义，了解这段历史，有利于促进包括苗族在内的人们更加了解苗族，了解苗族关于国家认同、中华认同的自觉行动，以正确的思想和方法，对苗族历史展开新的客观认知。

麻勇斌老师表示，苗族同胞，主动认同中华，自觉融入国家体制，主动担当国家使命的壮举，从来都不缺乏，参加抗日战争仅是一个尚未远去的实例。现在祖国不断发展，变得越来越强大了，许多家庭过上了小康生活，这些幸福生活是怎么得来的呢？这是用许许多多人的生命换来的。如今，我们的祖国虽然已经很强大，但如果我们再不好好学习的话，我们的祖国就会落后。"落后就要挨打"，就会被别人欺负。这是血的教训啊！今天播撒辛勤的汗水，明天才会有丰硕的果实。

为了明天，我们要更加珍惜今天。为此我们要好好学习，天天向上。

苗族抗战，可歌可泣

2018 级学前教育 12 班　杨　婵

麻勇斌老师说，《欧百川传》《松桃文史资料》都记述了松桃苗族人国民革命军八十二师师长罗启疆、参谋长欧百川抗日的英勇事件。

八十五师的抗战

1937 年 7 月 9 日，国民革命军八十五师在卫立煌的指挥下开赴平津战场。他们参加南口战役后，解了刘勘之围，后转移山西，参加了忻口会战后，全师只剩下一个营，铜仁和松桃籍官兵至少牺牲了 5000 人。接下来，这支部队又参加了中条山战役，战事惨败，松桃人上校团长邱明战死，吴俊仁负伤藏匿在农民家中，后乞讨回来，可谓九死一生。该师的松桃子弟兵后来几乎全部阵亡了，真是可歌可泣。

八十二师的抗战

麻勇斌老师说，淞沪会战开始后，驻扎在镇远的国民革命军第三十四旅旅长罗启疆主动请缨杀敌，苦战后，这支部队只剩下不到 2000

人。由于罗启疆英勇善战，受到蒋介石的接见。之后，他再次回到松桃招兵，因为他在家乡父老心中享有忠义智勇的威名，家乡子弟都愿意追随他，8000人编制，招募了12000人。整编结束后，部队马上参加武汉会战，战斗打得很惨烈，其中一个连被日军包围，在子弹打光的情况下，全连官兵跳进深不可测的云雾洞中，壮烈牺牲。

武汉会战结束后，八十二师撤退到湖南，参与了第一次长沙会战。1940年4月5日，罗启疆病逝于军中，被追赠为上将。他死后，欧百川接任八十二师师长，先后参与了第二次、第三次长沙会战。之后，该师调往云南文山一带整编，隶属何绍周的第八军，参加了第二次远征军和滇西反攻战。

随后，麻勇斌老师又讲述了湘西苗族革屯军的抗战故事，以及松桃苗族民间组织的抗日和支持抗日故事，故事精彩纷呈，人物栩栩如生。

苗族抗战的意义

据麻勇斌老师介绍，仅东部方言地区的苗族在抗日战争中牺牲的就有7万人左右，相当于这一时期苗族人口的3.5%。根据松桃自治县政协文史委调查，仅松桃，参加抗战的士兵就有4万人以上，超过了当时松桃人口的16%。松桃苗族人参加了自抗战开始至结束的几乎所有重大战事，牺牲2万多人，超过当时松桃人口的8%。

苗族主动参加抗日战争，是一段鲜为人知的、可歌可泣的光荣历史，值得被铭记。

▽

第三十四期

智明以棋

唐　天

同学们，下午好！

我与校图书馆郭静馆长是贵州大学的校友，她一直邀请我给同学们讲讲围棋，说实话，我对博大精深之围棋的了解是很肤浅的，但盛情难却。我就以自己理解的程度和同学们交流一下，以期共勉，互相学习。如果能对同学们今后的学习和工作有所帮助，那么今天的座谈就是有意义的。

今天的交流我们以讲故事的形式展开，希望大家更多地了解到围棋的魅力、围棋文化和围棋竞技带给我们的影响，以及围棋这一古老的东方文明对我们今天的意义。

下面就谈谈这些真实的故事……

为什么要在我们学校开设围棋课程平台呢？大家都知道，我们学校是师范类学前教育，培养的大多是 0—6 周岁儿童的启蒙教师。启蒙教育影响一个儿童的终身，对其人生开发至关重要，而围棋恰好对儿童逻辑思维的拓展和计算推演能力的锻炼帮助巨大。假如我们的幼儿教师具备了传播和推广围棋知识的能力，无疑对幼儿的帮助也是巨大的。基于这样的思考，我们联络了一些社会有识之士，帮助我们建起了围棋知识培训班，列进了选修课的目录。他们无偿地出钱出力，为我们添置设备，义务上课，有的当义工接送教师，已经为我们培养了几期学生。因为这是一个新生事物，凸现的效果现在还不好评价，但无疑引起了社会各方面的关注。最近，国家体育总局棋牌管理中心已正式批准我校为贵阳地区唯一有资格授予围棋教师资质的学校，这是官方对我们开展围棋培训的极大认可。

我曾在几年前，邀请过当时国家围棋队八段王煜辉来学校做围棋知识讲座，各年级200多名学生到场听课。记得他开讲时问了同学们一个问题："大家知道聂卫平吗？"竟无一人回答上来。聂卫平是响当当的围棋界大腕，全国十佳运动员、国家体委授予的唯一"棋圣"。当年中日围棋擂台赛的"抗日"英雄，在中国围棋水平远不及日本的情况下，以一人之力，战胜日本11位一流高手。我们这一代人热爱围棋大都受其影响，当时大家把会不会围棋和爱国联系在一起。但是我们现场的同学竟无一人知道，这不应该啊！我知道我们的同学大多来自农村，条件比较艰苦，可能大多数特别是女孩子，接触围棋的机会就更少，更别提懂围棋了。但不管怎么说，一些基本的时政知识还是应该有所了解的。

再讲一个棋界名流的故事。陈祖德，新中国第一位战胜日本棋手的国家围棋协会原主席，他著有《超越自我》一书。讲述了国运兴，棋运兴的历史。他38岁患癌，医生判断活不过几年，但他靠围棋精神顽强与病魔斗争，直到68岁辞世，辞世前一直在致力于围棋事业的推广。他有一个叫王香如的关门女弟子，就是咱们贵阳人。如今在上海，和围棋人胡煜清做了一家人。

若说更早一些的棋界名人不能不讲吴清源，他是北洋围棋界时期的天才，10岁就成了围棋家。据说当时段祺瑞每月给他10块大洋，这在当时是十分可观的收入，后来东渡日本学棋，数年后横扫日本一流棋手。可能因为是中国人的原因，后来他遭离奇车祸，无法再保持巅峰状态，但心态良好，活到102岁。

刚才讲的是围棋界的事，实际上，围棋文化早已突破了围棋本身。

大家都知道共和国元帅陈毅，他把围棋与战争艺术、与中国传统文化的运用联系在一起，很有心得。当今咱们习近平总书记，也很早就喜爱围棋，他出访韩国，还带着围棋国手常昊，并把精致的围棋作为礼物，赠送国外领导人。我们知道过去有"乒乓外交"之说，现在有围棋外交是很正常的事。据说李克强总理很早就参加过围棋正式比赛，后来经常用围棋术语来讲经济工作，比如要认真做好形势分析和判断、谋划布局，等等。中国传统文化所谓"琴、棋、书、画"，棋指的就是围棋。那时候棋其实指的就是"雅"文化，联想到我们学校推行"品优行雅"的学风，围棋就是一个很好的载体。

围棋也有博士，这个人叫何云波，湖南人，现在是教授，他创办了一个围棋学院。其围棋竞技水平属于业余段位，但在围棋文化的研究上则是专业高人，两年前我请他来学校做过一次讲座。

下围棋亦称"手谈"，本身就透着浓厚的文化气息，用手来谈话、交流、战斗。

围棋讲究的是一种精神境界，日本围棋巅峰时曾有术道派、灵学派之说，现代围棋有战斗派以及非战斗派（讲求不战而屈人之兵），等等。所以我理解围棋是介于文化和竞技之间的活动。韩国、日本都没有把围棋看作体育运动，我们虽然归口在体育总局，但其实是当作智力运动来推广普及的。

再来讲讲咱们贵阳的围棋运动。早些年贵阳有位领导，现在去北京工作了。他2001年主导创办了围棋界的吉尼斯纪录，2001盘棋同时举行，场面盛大，打造了一张鲜亮的贵阳围棋名片。接任他当贵阳棋协主席的是省委组织部的一名原领导，他常讲：围棋彰显的是文化自信。原省委监察厅一名领导的话更直接：会下围棋真好。而支持咱们学校的一名贵阳著名企业家则感叹道：此生有了围棋，从此不再寂寞。

在年轻一辈棋手中，我们贵阳籍的国手也不少，其中最突出的当数现已三度夺得世界冠军的唐韦星。他1993年出生，是贵阳这块土地培育出的优秀棋手，曾夺取应氏杯世界冠军，获奖金40万元。现在还有一个女棋手名叫方若溪，她曾夺得全国运动会女子围棋冠军。

贵阳现在开办了百余所围棋学校，大多数是几岁到十多岁的少年儿童在学习培训，他们的目标并不是要当职业棋手，而是通过学习围棋，提升自身的综合能力，开发潜力，为自己的基层学习加油添力。

中国围棋协会前任主席王汝南先生曾受邀到我校围棋班指导。现任主席林建超是一名退役中将，他把围棋归口到：围棋是现代人民对美好生活向往中的一项。而今，咱们学校所从事的围棋教学，就是人民对美好生活向往中的一个重要的组成部分。

今天借围棋这个话题给同学们讲解围棋的文化、围棋的认识、围棋的知识、围棋的修养、围棋的品格，包括围棋的哲理。同学们有什么想要了解的，可以提问，我们简单交流一下。

师生互动：

学　生："老师，您是怎样爱上下围棋的？"

唐　天："我大学学的是中文系，思想比较活跃，下围棋也比较高尚。在学校交流也比较多，会下围棋是一件值得骄傲的事情。"

学　生："老师，怎么看围棋人工智能 AIphaGo，要怎么学呢？"

唐　天："这个 AIphaGo 是谷歌旗下人工智能企业 Deep Mind 公司发明的。象棋和围棋相比较而言，象棋在十多年以前就已经被人工智能攻破击倒。象棋讲究排兵布阵和规则。但是围棋变化太多，现在全世界的职业棋手都还没有下出过一模一样的围棋。AIphaGo 虽然是人工智能，但是超出个人能力。作为个人所需要的计算能力、精力、体力都是有限的。作为一个棋手，还会受到自身、对手的影响。但是 AIph-aGo 不会，据介绍 AIphaGo 输入了三千多万张棋谱，通过高速计算选择当前最适合下的一步棋，并且 AIphaGo 人工智能更新换代很快。中国围棋高手柯洁是世界级的顶尖高手，也输给了 AIphaGo。技术还在发展，AIphaGo 宣布退役。如果现在小朋友喜欢下棋，通过人工智能培养，也可以达到职业选手的水平。现在不用跟以前一样背棋谱，对着电脑实战也可以成为高手。"

学　生："老师，围棋段位划分的依据是什么？比如围棋一段到围棋九段这些。"

唐　天："这个围棋的段位是一种体制，一种制度。刚进入围棋界就是初段一段，最高九段。如果成绩打得好，有一定的胜利。就可以升一段或者两段，赢得一个世界冠军就可以直接升到九段。九段就是最高段位，但不代表是最高水平。国家职业棋手获得九段称号的有五十多个，但很多九段棋手也不一定下得赢初级选手。段位只是职称、制度，比如教授、讲师，要有一定的能力才能达到教授，但教授不一定比讲师强，一定比讲师高。"

学　生："刚才您在讲围棋的时候，我一直沉浸在围棋的想象里，我在想，小时候我们玩的五子棋，算不算初步接触围棋呢？"

唐　天："这个五子棋跟围棋所用的道具虽然是一样的，都用这个棋盘来下，但实际概念不一样。五子棋是小棋的一种，没有上升到大棋的地位。五子棋分为九段，它的方式要简单一点，真正的职业高手可以把棋盘下满都不够，它也有很多技巧。但是呢，它跟围棋不一样。围棋在社会上支持的人和企业比较多，有企业家的支持比较大。每年世界上大大小小的比赛都有很多，职业选手赢得奖金并不是全部，要交一定的税，还有中国棋院的管理费等。中国棋院主要靠其他两种棋收取管理费。围棋棋手不是会员制，拿工资比平时高一些。五子棋跟围棋有一定联系，但不是一个棋种。"

学　生："老师，请问下棋的时候怎么对形势进行判断？"

唐　天："对围棋的形势判断，就要围绕围棋的专业术语。围棋也叫对弈，最终的结果就是要战胜对手。不管你用什么方法，通过战斗，把对方围死，很少会出现和局的情况。要想取胜，就要对自己出击的形势进行判断。判断形势，是一种方式。在合理的情况下打入对方棋盘。通过形势分析判断，采取什么样的手段。比如俗语'棋缝难处消尖尖'，是一种攻击用的阵。迄今为止职业选手还没有下出过同样的棋盘，所以方法有很多。要懂围棋很简单，但是要精通很难，变化层出不穷，包括人工智能是不可能超过人类大脑。人的智慧是无穷的，但是人工智能发展可以做一些事情。"

唐　天："我讲这些围棋，是想将围棋的道理，引入我们今后的学习、生活，甚至工作中。这样围棋就会对我们有所帮助，在一个圈子里可以进行交流。至少一点，如果我喜欢下围棋，有一个会下棋的朋友，在一个圈子里，我们可以交流工作，交流棋艺，交流感情，实现交流需求、精神需求、价值需求。"

唐　天："今天能有机会和同学们交谈我很荣幸，希望我的分享能对大家有所帮助。

谢谢大家！"

录音稿整理：2019 级产品设计 2 班　黄　漫

2019 级产品设计 2 班　岑支友

作者
简介

唐天，贵阳幼儿师范高等专科学校党委副书记、纪委书记，历任贵州省开阳县政府副局级秘书，县政府办公室副主任、主任；开阳县冯三镇镇长、镇党委书记；中共开阳县委常委、县委办公室主任；贵阳国家级高新技术开发区党工委副书记、纪委书记；金阳新区党委委员；贵阳市人事局党组副书记、纪检组长；贵阳市人力资源和社会保障局党委副书记、纪委书记。2013 年 4 月起任贵阳幼儿师范高等专科学校党委副书记、纪委书记（正县级），分管党委统战部、纪检监察室、群团工作。致力于围棋研究 30 余年，参加过省、市围棋比赛，屡创佳绩。

学生课后感文章选录——

陶冶性情，增加智慧

2016 级学前教育 7 班　赵盛琳

　　中国文化，细细想来都蕴含着人生哲理，正如唐天老师给我们讲的"围棋"课。

　　围棋是一种策略性两人棋类游戏，我们中国古代称为"弈"，西方称"GO"，主要在中、韩、日、朝这些东亚国家流行。但我们中国是围棋的鼻祖，对弈在中国古代春秋战国时期就已经盛行了，其他东亚国家都是在我们之后盛行的。

　　唐天老师说：下棋讲究的是心性，不管结局如何，其享受过程是在下棋中，可能别人更多的是在乎你的输赢，但是你自己应该享受过程。因为有了过程才会有你输赢的表现，但主要看你怎么去看待。其实人生也是如此，更多的人只在乎你的成功，很少有人来关注你成功之前的坎坷。因为别人不会为你的失败买单，而更多的是你在你生活的轨道上慢慢摸索，然后总结经验。

　　现在很多人都有一些爱好，比如高尔夫、台球、象棋等，但这都体现了慢生活。反观人生，这何尝不是一种人生态度呢！能在闲暇时做着自己喜欢的事，真的是人生的一大乐趣。

人生如棋，每走一步都在棋盘上起着重要的作用，成败也由一步决定。做人每说一句话，每做一个决定都要认真谨慎地考虑下一步，脑海中要通盘考虑。我要那片地盘，看到形势不好就举手投降，丧失信心不是一个年轻人所为。作为有成功欲望的年轻人，要有坚定的信念，认真走好人生的每一步，不能半途而废。面临人生重要关头的取舍，能否保持一种高度清晰、高度理智的状态，从而作出正确的判断，对每个人的未来走向都起到至关重要的作用。

现在，我们面临很大的生活压力，要有些平时的兴趣来缓解压力。遇到困难时不要急于去找突破口，这时你不妨停下来，和好朋友下下棋，做一做你生活中想做的事情，或许你会收获不一样的心情。

经常下围棋，不仅可以陶冶性情，增加智慧，我们还可以得到一些人生感悟，正确地面对复杂多变的生活。

围棋里的职业精神

2019 级产品艺术设计 2 班　岑支友

　　我认为真人图书，真的很有意义，每一期真人图书都是灵魂的碰撞，心与心的交流。我校党委副书记、纪委书记唐天老师的"智明以棋"真人图书分享特别棒，让我感触很深。老一辈人痴迷围棋、热爱围棋，甚至会将自己的一生奉献于围棋事业。也许有的人根本无法理解他们的行为，但这就是他们的热爱，是他们一生所追求的理想。这就是围棋的精神。每个行业、每个领域都有这样的精神。

　　人的一生啊！就像下棋。

　　有时需要走一步看一步，有时需要时时谨慎；有时平淡无奇，有时却步步惊心。人生总有起起落落，要想下好人生这盘棋，就要有始终如一的坚持、热爱、专一。一份职业只有你喜欢它才有信心做好它，不仅满足自己的爱好，更多的还是敬业、奉献。

　　既然你需要选择一份职业，那为什么不选择自己喜欢的呢？如果不是你的热爱，没有职业的精神、节操，你很难发挥好，即使你做得再好，也不会感到很开心。如果现在的你做得并不好，不要灰心。在你喜欢的职业领域中，你将会越来越自信。职业规划中，只有热爱，才会不断激发你无限的潜力，这份热爱是多么可贵啊！

每个行业都有世界顶尖的巨人。他们无一不对职业充满热情，竭尽所能做得更好，一次次突破自己。对于爱国敬业的人来说，只有突破自己，看到成果，他们才会无比喜悦，那是职业的修养、职业的精神，那是超越金钱的诱惑、无私的奉献、理想的更高境界。每个人都不平庸，你的人生也可以更加精彩。

这期真人图书让我受益良多。

从现在开始，努力吧，相信自己。

职业有职业的规矩，无论绚丽还是平淡，不变的始终是那一份职业热爱、职业坚守、职业精神。

小棋盘，大智慧

2019 级产品艺术设计 2 班　黄　漫

记得第一次看围棋的时候，还是 2008 年的一部电影叫《棋王和他的儿子》。那是我第一次了解围棋，才知道原来我们国家已经把围棋纳入电子竞技比赛项目了。

今天我聆听了本校党委副书记、纪委书记唐天老师的"智明以棋"真人图书分享后，才明白我国古代的"琴、棋、书、画"中的棋指的是围棋而不是象棋。围棋和象棋的差别：象棋是排兵布阵，两军对战，而围棋是一张白纸分 361 个交叉点，交接对弈的两方在白纸上勾画版图，比斗志来博弈地盘。

我们国家古代围棋是以文化的形式来传承的，而不是我在电视剧中看到的那样只是为了打发时间。学习围棋有利于开拓我们大脑的空间思维和逻辑思维能力。现在贵州也有很多围棋学校。学习围棋的最佳年龄是三到五岁，也正因为如此许多家长都带自己的孩子去学习围棋，拓展他们的思维能力，有利于未来更好地发展。

因为战乱，中国围棋在古代没有得到良好的发展，近现代，也由于战乱，围棋技艺几乎丢失。而中国围棋技艺开始兴起要从聂卫平说起，1982 年他被中国围棋协会授予九段段位。1988 年被授予围棋"棋圣"称号，1999 年他被评为"新中国棋坛十大杰出人物"。他在前四届中日围棋擂台赛中十一连胜，为围棋在中国的普及奠定了坚实基础。也正因从他开始，中国围棋开始崛起。虽然当今我国学习围棋的人数在全国来说都算是比较多的，但是学习围棋所占比重却非常的低，远不及日本和韩国。

实现中华民族的伟大复兴是近代以来中华民族最伟大的梦想，而文化的昌盛更能够体现一个国家的昌盛。正所谓"盛世出诗人，乱世出豪杰"，我们把围棋当作文化来对待，就是"国运兴，而棋运兴"，可见，小棋盘里有大智慧。

对我们来说，学习围棋不仅跟以后发展息息相关，同时在面对问题的时候，也能全面考虑，遇事沉着冷静，积极解决问题。

唐老师的分享让我印象深刻，忽然之间想起了一个教我围棋的朋友，交谈许久约好了时间和地点一起卜棋，看自己棋艺是否有长进。

▽

第三十五期

与师范生共话师道师德

翟理红

老师：同学们，周末好！今天，有一个东西与大家分享。

学生：荣誉证书。

老师：对，30 年教师荣誉证书，只要你做教师 30 年，你就有资格获得。我想说明什么呢？

学生：坚持。

老师：对，30 年的坚守，来之不易，又那么水到渠成。那你们干满 30 年，是不是和我一样呢？

学生：不一定。

老师：为什么？

学生：因为选择不一样。

老师：谈到选择，我想问一下同学们，你们是怎么选到我们学校的呀？我们是幼儿师范高等专科学校，师范类的学校哦。

学生：喜欢。

老师：喜欢的举举手。我看看是不是像一大片树林一样呀，嗯，三分之一强一点点，那另外三分之二的同学是怎么进来的？

学生：考差了填过来的。

老师：走错了我们都会遇上，看来这些同学与师范有缘，相信不是考差了，而是冥冥之中的天意。记得当年我考大学填报志愿，第一志愿填完后，正在犹豫第二志愿填哪个学校，我的高中老师说，当然是西南师范学院，于是就填了，结果自己的第一志愿没有进去，我如老师所愿进了西师。没想到这一读就注定了我的教师人生。你们有没有做好当老师的心理准备呢？

学生：有。

老师：18 岁学会对自己负责，这是多么重要的一件事情。你们走进了师范，意味着你们将面对的行业和职业是什么？

学生：教育、教师。

老师：我们常说，百年大计教育为本，教育大计教师为本。可见你们一脚就踏进了社会的高光行业，承担着教师的光荣使命。此刻，我看到了你们脸上洋溢的幸福，你们的眼睛似乎有话要说，那是什么呢？

学生：现在我 20 岁了，我从 6 岁开始就一直接受教育，从什么都不懂到现在读大学，教育教会了我成为一个社会人。

老师：这位同学说到一个关键内容：教育可以将人变成一个社会人。这个过程是怎样的呢？在此，我想到韩愈的《师说》：师者，所以传道授业解惑也。教师就是要传社会之道、做人之道、做事之道；授生活之业、学习之业、工作之业；解生存之惑、成长之惑、思想之惑等。这是我长期以来坚持的师道。教师所要传递的是怎样的"道"呢？帮助学生树立正确的人生观、世界观，中国传统文化中的思想精华对我们是有启发的，如"天下兴亡，匹夫有责""位卑未敢忘忧国""苟利国家生死以，岂因祸福避趋之""富贵不能淫，贫贱不能移，威武不能屈"；又如"百善孝为先""老吾老，以及人之老；幼吾幼，以及人之幼""己所不欲，勿施于人"等等。归结起来就是今天所倡导的社会主义核心价值观：爱国、敬业、诚信、友善；富强、民主、文明、和谐；自由、平等、公正、法治。这是对国家价值、社会价值和公民价值最权威的论述，我们需要深刻地领会和落实。

学生：一个人从出生，就一直接受教育。有家庭教育、社会教育，还有学校教育。我们学的是学前教育专业，换句话说就是怎样教孩子，怎样影响他的一生。如果教得好，会对他产生积极的影响；如果我们的做法不对，可能会对幼儿心理产生负面影响，这是我的观点。

老师：你的观点正好说明幼儿园老师是幼儿健康成长的重要因素。因此，我们需要对标发展，对照《幼儿园教师专业标准》，不断提高自己授业解惑的本领，这样，才能更好地支持学龄前儿童健康人格的发展。

学生：老师，我可以补充一点吗？

老师：可以。

学生：中国从董仲舒罢黜百家独尊儒术之后，我们就一直受到儒家思想的影响，其中强调教育在人们的面前都是平等的。

老师：你补充得更好了，这就是孔子在《论语》中提到的"有教无类"，我们需要给每个孩子公平的教育，尊重每一个孩子的个性差异，因材施教，促进发展。大家看过《点》这本图画书吧？书中的老师，从鼓励孩子画一个"点"开始，逐渐变成"各种各样的点"，然后还办成了"点的画展"。之后这个孩子也这样去帮助身边的人，这也许就是教育所要追求的一种价值。

学生：我之前看过一部电影，电影的名字我已记不清了，但其中有一句话一直影响我到现在：教育是以生命影响生命。从这句话中可以看得出来，我们是教师，我们是影响者，学生是被影响者，用生命去影响生命，特别伟大。同时也体现出我们教师这项任务的艰巨，彰显我们的作用，所以我认为做教师是一件非常光荣的事情。我们可以指导孩子更好地选择方向和道路，这是我做教师最好的动力和目标。

老师：这是你对师道最生动的解读。教育就是用生命影响生命。第一，说明你很看重自己生命的存在。第二，你很看重自己生命存在的价值和意义。存在是一种形式，怎么存在都可以，但是你在考虑你的价值和意义时，你选择了"用生命影响生命"，这是多么好的生存状态，这是对"苦情"教师的一种全新认知。做教师不是仅仅选择一份职业，更是一份生命的承诺。我记得有一位校长在聘任教师时爱问一个问题："谈谈你的人生。"受聘教师很疑惑："我就是想当老师，没有那么高大，为什么要谈人生。"后来才知道，因为你对自己的人生明白了，你才知道你选择当老师对不对，适不适合你。所以刚才这位同学明白了自己的人生，你想做用生命影响生命的事。为你点赞！

学生：老师，社会在逐步发展，以后发展成什么样子，是一个未知数。对于我们从事幼儿教育这个行业就是一个很大的挑战，我们应该怎样做才能保证孩子在成长的过程中接受正确的教育，将来成为一个身心健康的人呢？如童年阶段的一些灰色童谣，如果出现在孩子们中间，孩子们可能会模仿。他们小的时候可能对模仿这件事没有一个准确的认知，还认为是一件快乐的事情，但将来，可能会让他们形成与社会发展不符的价值观。所以我认为，对于我们这些未来的教育工作者，将来应该关注孩子们细小的行为。

老师：刚才这位同学已经在思考"怎样培养人"的问题了。教育是需要方法和载体的，如刚才提到的文学作品就是非常重要的载体。但是如果在选择的过程中没有注意其核心价值取向，甚至存在误导，这样就会误人子弟。这是我们在学习过程中需要增长的本领，如我们要遵循《幼儿园教育指导纲要》《3—6岁儿童学习与发展指南》等，建立正确的儿童观、教育观，认真学习幼儿教育、幼儿发展、幼儿游戏、幼儿园课程、幼儿园活动设计与指导等课程，真正做到"因材施教"，就能为培养未来的社会主义建设者和接班人奠定良好的基础。

学生：我自己是很喜欢教师这份职业的，很喜欢小朋友在身边的感觉。我在网上看到一些资料，在生活中听到一些事情，觉得小孩子的内心非常脆弱，很担心将来自己承担不了保护他们的责任，因为每个班有很多的小朋友，每个人都想去关心，但又关心不过来，所以我就不太想去从事这份职业。

老师：你这样的焦虑太正常了，俗话说"无知者无畏"，之所以害怕，说明你已经很关注这个行业了，但是我们要一分为二地来看，人来到世界就是一场冒险之旅，但绝大多数是可控的，因此，我们要记得"工欲善其事必先利其器"，那我们要做好这项工作，就要增长"授业解惑"的本领，我们的利器就是要有维护孩子安全的本领，如安全环境的营造、运动时的保护、常见传染病的预防等。另外，幼儿园还会以老带新、传帮带等形式帮助你们顺利踏上新教师的岗位，所以，你的担心不是无解而是有千万解的，真心希望你不要放弃，搏击使人生更精彩。

学生：有希望，有信心。

老师：刚才我们围绕着"师者，所以传道授业解惑"在谈，目的是让同学们与我共同关注为师之道，思考为师之道和探究为师之道。无所谓标准答案。朝着正确的方向努力实践，我们责无旁贷。

学生：现实中，老师对我们的影响是很大的，有正向的和负向的，我都看到过，有时会不在乎，有时又会无法接受，很纠结。

老师：所以，我们幼儿教师是有职业红线的，就是教师的职业道德，即常说的师德，幼儿教师应该有什么样的师德呢？

学生：遵纪守法、爱岗敬业、因材施教、以人为本、为人师表、终身学习。

老师：《新时代幼儿教师职业行为十项准则》对幼儿教师的职业道德规范做出了明确的规定：一是坚定的政治方向；二是自觉爱国守法；三是传播优秀文化；四是潜心培幼育人；五是加强安全防范；六是关心爱护幼儿；七是遵循幼教规律；八是秉持公平诚信；九是坚守廉洁自律；十是规范保教行为。这十条准则就是引导教师成为有理想信念、有道德情操、有扎实学识、有仁爱之心的四有好老师。

学生：对老师有这么多要求，但待遇还是很低的。

老师：今年的教育工作大会，习近平总书记专门提到教育的投入要向教师倾斜。《中共中央国务院关于全面深化新时代教师队伍建设改革的意见》就明确指出：要不断提高地位待遇，真正让教师成为令人羡慕的职业，要让教师这个行业成为社会人愿意从事和留得住的地方。目前教育部、财政部、发改委、人事部等部门正在合力而为，确保教师的工资和公务员差不多，甚至高于公务员工资，我们相信这一天已经不远了。

老师："兴国必先强师"已然作为重要的战略，对教师提出以德立身、以德立学、以德施教、以德育德，希望我们同学在学习的过程中努力做到"知行合一"。这样你们一定会成为一个有底气的人，有涵养的人，也会成为一个幸福的人。

老师：当然，我更希望再过二十年、三十年我们是同行，能够一起共话师道。

录音稿整理：2019 级产品设计 2 班　黄　漫

2019 级产品设计 2 班　岑支友

作者
简介

翟理红，贵阳幼儿师范高等专科学校教授、校长；贵州省人民政府特约督学，贵州省儿童发展规划工作督导专家、贵州省省级示范幼儿园评估专家组副组长；贵州省知识分子联谊会理事、贵州省教育学会学前专业委员会秘书长；上海宋庆龄基金会第二届"幼儿教育奖"获得者，贵州省中小学特级教师。翟教授主要从事幼儿教育学、学前儿童游戏、幼儿科学教育、幼儿园课程、职业规划、团队建设、亲子阅读等教学及研究。研究领域包括幼儿科学教育、幼儿游戏与玩具、儿童亲子阅读、幼儿园课程、教师专业发展和实验实训室建设。研究中坚持"没有思考和创新的教育是缺乏生命力的"教育思想，坚守一线，终身学习，创新实践，潜心学术。

学生课后感文章选录——

改变，让我赢得自信

2019 级产品艺术设计 2 班　黄　漫

在我们的人生中会有很多这样那样的决定，但是我们最好的决定就是不后悔，不留遗憾。也许改变不了本质东西，但是我们可以改变我们自己。

听完翟理红老师的"与师范生共话师道师德"真人图书分享后，我对教师这个职业有了新的理解。以前，在我眼里老师是劳累、发病率又高的人群。首先，我想到老师在黑板上写字吸入肺的灰尘较大；其次，就是老师改作业，需要大量的脑力和精力，所以对我而言，教师就是一个很伟大的职业。

翟理红老师说，"我希望我的每一个学生，学到知识后都能够自信地走出校门，自信地走进社会。"看似简单的一件事，翟老师一直在努力着。但我很多时候还不及她的万分之一，我做事情非常努力，但如果没有做到完美的时候，我就会崩溃，不知道该怎么做下去，不知道下一步自己该怎么办。因此我特别喜欢翟老师说的"如果问题一直没有人去解决，下面的路又该是谁来走了？"如果我们自己的问题自己都不去解决，那以后的路又该是谁来走了？我们只有把自己变得更加强大，不断磨炼提升自己的能力，培养自己的素养，才能保证自己遇到挫折后，很快恢复到最佳状态，去面对之后更加考验自己的事情，所以我们只有不断地鼓励自己，才能拥有更好的自己。

以前我觉得自己是一个极度没有自信的人，我的负面情绪给我带来了很多困扰，有时候觉得自己都快压抑成了自闭症，我害怕提问，害怕自己被嘲笑，因此显得默默无闻。来到大学后，我决定改变自己，以前我不敢去尝试的东西我都去尝试了，我获得了很多的鼓励和莫大的勇气。我开始学钢琴，参加学校的唱歌活动。我忽然找到了很多自信，我发现自己不是不行，只是以前没有勇气去尝试。我也在自己努力无果后而痛哭过，但是我不后悔，像翟老师说的那样"我们不去改变自己教育的方式，如何才能更好地培养下一代。"我们现在都不改变自己的现状，以后怎么才能拥有更好的自己？

在我看来，有些改变是必需的，是我们不甘懦弱的决心，是我们成熟的标志，是我们成长的必经之路。正如翟老师所说"我们只有不断地累积，才能给家长一种眼前一亮的感觉"。而这就是我向家人、向自己展现的最好方法。

师道师德重在为人师表

2019 级产品艺术设计 2 班　岑支友

特别喜欢翟理红老师的这期"与师范生共话师道师德"真人图书分享讲座，将师道师德阐述得耐人寻味。其实不仅仅是老师应该这样，各行各业都该这样，都该遵循各个职业的道与德。

人生最难的是选择，最简单的也是选择。不说成人的世界，没有多少人喜欢自己的工作，但一直坚守在自己的岗位上，因为嘴里叼的是香烟，肩上扛的是生活。就像外卖小哥说的我不是向你低下了头，我是向生活低下了头。再说我们身边的同学，每个人身边肯定有这样一些人，有陶醉自我的"网瘾少年"，"睡觉大神"也不在意是否挂科；有一些同学把自己的时间安排得特别满，不给自己剩一点时间；还有的人整天泡在图书馆。每一种人生都是自己的选择，每一个选择都需自己承担相应的结果。我是一个有旋转轴困难症的人，总是在十字路口不知道往哪儿走。往往会做一些让自己后悔的事情，弥补的代价往往是我承受不起的。

翟老师的话让我明白只有做真正的自己，才不会在这大千世界中迷失自我，才会清楚地认识到自我生命存在的价值和意义，才能在职业生涯中更好地把握自己。如果师道师德是进入行业的最基本的道德要求，那么自己生命存在的意义就是爱岗敬业，那一份热爱与一生的追求就是师道。师道师德重在为人师表，做自己感兴趣的、快乐的事，这是我们要完成的第一步。就是咱们在为自己活着，不是在为外在的压力活着，所以做一件事情的时候，我们主动地去思考就会解决很多问题。兴趣是最好的导师，只有一直苦心追寻，并且在这个专业有一定的研究，才能把握专业未来的发展方向。

同学们，今天跟明天并没有什么不同，我们的成功在于日常行动，问问自己内心想要什么，并为之付出行动。做好今天，别想昨天或者是明天，大胆去做，不要瞻前顾后。你只要下定决心，付诸行动，不怕失败，幸福终会来临。

▽

第三十六期

奋斗的青春

赵雅卫

习近平总书记对青年学生说："现在的青春是用来奋斗的，未来的青春是用来回忆的。"提到这个话题，我一直希望咱们学校开展一个活动，什么活动呢？就是奋斗青春的主题活动。很遗憾，近年来从来没有一个部门做这件事情，所以当上学期郭静馆长对我讲，能不能作一个专题，我一口就应下来了，并且脱口而出的就是"奋斗的青春"。

五月，大家都感到一种非常浓郁的气息，从全国到各地，从机关到学校，就两个字——青春。五月在自然界中，有一个很神奇的现象，五月是原野开满鲜花的季节，是万物生长最快的季节。对于人来说，特别对于青少年，在成长的过程中，一年中哪一个月的身体发育是最快的呢？就是五月，所以五月是一个万物生长最迅猛的季节。我们总把五月说成火红的五月，开满鲜花的五月，就像共青团之歌开头唱的一样：我们是五月的花海，用青春拥抱时代。我们是初升的太阳，用生命点燃未来……

我唱歌最容易跑调，所以我不轻易唱歌。

我是共青团出身，我的成长经历首先就是当团委书记，所以这首歌我比较熟悉。

五月，为什么不单单是季节上的，也不单单是人的生长，而是和这个国家、这个时代紧密联系在一起的呢？这就缘于100年前五月四日爆发的中国近代史上最伟大的青年学生发起的五四运动。

2019年4月30日，习近平总书记在纪念五四运动一百周年大会上讲：五四运动它孕育了以爱国、进步、民主、科学为主要内容的伟大五四精神，其核心是爱国主义精神。并在这一天举行了非常隆重的五四纪念大会。

那为什么会这样呢？

仅仅是因为100年的时间到了，我们就要举行这样一个纪念活动吗？其实不是。我们现在的时代相较于100年前半殖民地半封建社会已经发生了根本的变化，我们的青年在那个时代承担了打破封建主义、帝国主义统治的责任，青年要为国家的命运去担忧、去奋斗的时代发生了变化。

那么，现在这个时代是什么样的呢？

现在这个时代是新时代，是为我们中华民族的伟大复兴而奋斗的时代。在这样的情况下，我们要把五四精神很好地诠释一下，要把五四运动的精神赋予这个时代新的内容，所以开了这样一个大会。

那为什么我又要聊我自己？为什么我要说这么多呢？

因为，我认为每一个时代的青年都要有自己的使命。下面我和大家一起来分享一下我的青春之路。

一、学习之路

我成长的青春时代和你们完全不一样，我的成长经历和你们也是不一样的。

在现实生活中，我经常碰到一些同学有这样或那样的抱怨，家庭困难，家庭不完整，为什么自己总是这么倒霉。总有一种抱怨的情绪在里面，但是我想跟大家说，其实，同学们所经历的他们自认为人生的不幸，我们小时候也经历过。

从我年轻时代到现在，与现在的同学相比，我真的觉得你们非常的幸福。为什么这样讲？在我读大学的时候，和你们现在相比，也就是和咱们学校有相同之处。我读的是贵阳师范专科学校，咱们贵阳幼儿师范高等专科学校培养的学生以后走向幼儿教育工作岗位，而我读的那个学校是为初中、高中培养教师。所以一进校老师就对我们加强两种教育：一是师范观念教育。也就是说你读书为了将来干什么呢？是要当老师的。二是专业思想教育。那专业思想是什么呢？我学的是政治教育。在那个年代很多人不选择这个专业，他们选的都是很实用的数学、物理、化学、英语，而我为什么要选择政治教育呢？这和我的成长过程有关。我在高中时期遇到一位政治课老师，他是上海人，毕业于华东师范大学政教系，教我们班哲学。他的理论功底非常强，我们高中政治课的哲学常识在他的轻声慢语中说出来，我觉得真的是太富有哲理了。就因为受老师的影响，所以我高中毕业填报志愿选择的专业都与政治教育有关。要么是政治教育，要么是学校教育。我以一分之差没进本科院校只能读大专，当时觉得很委屈，认为自己已经很努力了，为什么还是考不到好的成绩。那时候我们是精英教育，只有极少数人才能进入大学，不像现在，70%～80%的高中毕业生能够进入大学里学习。

我从小学一年级起到高中当过班长，当过团支部书记，进入大学前我在想：为什么我的学习老上不去？是不是班级工作太多了？我决定进入大学后一定好好学习，所有的社会工作一律不管。进入大学后，我全力以赴地学习，等走到工作岗位，我才意识到这种观点是错误的。为什么？大学不仅仅是学习知识的地方，更是培养锻炼能力的地方，我们不好好利用这个平台，不把大学这几年利用起来，锤炼自己，提升自己的能力，真的很可惜。还好我之前一直当班干部，培养了自己较全面的工作能力。1985年我毕业分配时，填报的五个志愿全是去中学当政治课教师，1985年7月我如愿地被分配到贵阳市第十四中学当政治课教师。

当时我大专毕业，20世纪80年代对教师的学历要求就是大专水平，但我意识到大专学历不能适应未来发展的需要，我的学历水平需要继续提升，所以到1989年我考上了贵州师范大学函授本科。为什么我要把这段经历介绍给大家？因为我认为虽然在座的都是大专生，但是不要气馁，不要灰心，看一个人的能力，看一个人未来的发展，不单单是学历，还要看你将来怎么样努力。考上本科以后的三年，我其实过得很艰难，那个时候我已经工作几年了，也已经结婚了，每个学期快要结束时，要集中学习一个半月，再进行考试。

记得第一个学期坐在贵州师范大学的教室里，我真有一种坐不住的感觉。工作这几年天天都在不停地跑、不停地动，一下子重新回到课堂我真的有点坐不住。曾一度想打退堂鼓，我先生鼓励我坚持下去。

我咬牙坚持着，后面就习惯了。最后一年我已怀孕七个月，身子很重，体力不支，中午又没有地方休息，我同学给我拿了两张凳子，吃完午饭后在教室里的凳子上凑合休息一下，就这样把书读完了。记得有个同学打趣我说："你这孩子将来肯定聪明。"我问为什么？他回答："他在肚子里就已经读了大学的内容肯定聪明啊。"我想也对，这是件很让人欣慰的事情。

到了 2000 年，我又去读了一个研究生班，那个时候很挣扎，到底是读书，还是管孩子呢？那时我孩子已经快上初中了，如果去读一个脱产研究生的话，可能会把孩子初中的三年给毁了，所以我没怎么去复习就去参加了研究生考试，结果除了我的专业考了 70 多分，其他的，如教育学只考了几十分。当时就想，可能为了孩子要放弃我自己，但这么多年来，我除了学历以外，还有个更重要的东西，就是坚持不懈地学习。

学习的经历其实很难，因为不是每个人生下来就是学习的天才，一学就懂，一记就记住了，我学习的过程也比较困难，但有一点我做到了，那就是特别努力、特别刻苦。

我大专就读的那所学校是从一所中学改造过来的，条件特别差，又在山顶上，到了冬天，山上寒风肆虐，特别特别冷，但我有一个信念，就是要坚持把学习搞好。每天下午我们都没课，下午两点准时进入教室或阅览室自习。如果哪天多睡了半小时或者晚去了半小时都会有种犯罪感。每天早上起来第一件事就是洗漱，之后跑步，然后用 20 分钟到半个小时的时间背书。虽然我英语不怎么样，但是我坚持每天背英语，特别努力。我们那时考试相当严格，全封闭闭卷考，不像现在。离考试时间还有一个半月左右我就开始规划要怎样复习，每一天要复习多少内容，复习哪些内容，都自己规划好，这段时间我从不会同学，不写信。因为那时候交友和现在不一样，需要通过写信，不像现在通过手机，通过现代化工具。还有一个半月时我就开始写信告知同学："现在我要进行全封闭学习，暂时不和你们联系了。"之后就一心一意地学习。夏天的日子还好，冬天的日子非常艰难，难到什么程度呢？我在大学期间没穿过一双皮鞋，穿的都是布鞋。因为学校所在位置很高，特别冷，我不停地生病。中医说是因为天气太寒冷造成的，应该买皮鞋穿。当时我们家很穷，妈妈没有钱给我买皮鞋，只能花四块钱买一双布鞋。那时我们的生活很简单，国家给每个师范生一个月的生活费是 17.5 元，除了解决基本的生活开支，每个学期结束我还结余十多块钱，用于给自己添置一件新衣服。

那时，我妈妈每个月给我五块钱的零花钱，我基本上不用，只有到买书的时候才用。师大政教系毕业的班主任老师曾对我们说："读书的时候是最好买书的时候，真正工作以后就不爱买了。"所以我那五块钱基本就用来买书，现在的五块钱可以买什么呢？

学生：坐公交车。

老师：哈哈。我可以毫不掩饰地跟大家说，当时，坐公交车，非常困难。我大学时盖的被褥都是很陈旧、很老的那种，冬天特别的冷，把能够穿的东西全部穿在身上，晚上点着蜡烛看书，特别难熬。到了夏天，日子虽然好过一点，但也很苦。为什么呢？因为自己学习特别投入。在我们食堂下面有一排洗漱水管，记得有一次考完试，我去洗头，看见盆面有一层全是头发。就因为那段时间太耗神而导致头发大量脱落，我眼泪不由自主地啪啪啪往下掉。但这些都过来了，不管生活上的艰苦也好，还是学习上的刻苦也罢，我都挺过来了，所以后来到市教育局分配的时候，我的学习成绩是我们那一批学生中的第一名。

到了中学工作，我的学习也没有停止。当时安排我当团委书记，那个时候我很单纯，才21岁，我们学校金校长就跟我说："小赵，你来了，你是我去教育局把你要来的。"我很幼稚地说了一句："啊！是你把我要来的呀，我根本不想来你们学校，我想去的是贵阳八中。"金校长很吃惊地看着我："我们没有团委书记，就把你要来了。"我说："你把我要来当团委书记，我是要当老师的，我是要当班主任的。"他说："老师也是要当的，要上几节课。"我很不情愿地当了团委书记，承担了团委书记工作。

进学校当老师的第二年，我又很快地进入了另一个学习阶段，研究高中政治课教材。那时贵阳市搞中小学生教师教材过关考试，结果我一次性考过了。

我认为工作以后还是要继续学习，我1989年开始读本科，1992年毕业。在我毕业时，我的很多同事只拿到大专文凭，也就是说，我当时完成学历提升，走到了学校很多老师的前面。

那为什么要去读书呢？

因为我感觉到，未来的发展，只有大专文凭是远远不够的。

20世纪80年代，高中老师有大专文凭就够了，但到后来，高中老师一定要有本科文凭，初中老师要有大专文凭，小学老师要有中专文凭。

随着社会的发展，我们的教师法没有改，教育法没有改，但对学历的要求越来越高，幼儿园都必须要有大专文凭，高中已开始引进很多研究生学历的老师。所以，我认为自己挺有先见之明的，在学习的过程中，与大专时的学习发生了质的变化，是什么呢？就是不需要一字一句地去死记硬背，提前预习一遍，课堂上听老师讲一遍，然后再复习一下，整个内容就全部吸收了，也就是说，我可以把老师传授的知识转化为我自己的东西了。

以前那三年，既要忙工作，又要忙学习，当时贵阳市交通也不发达，从家到学校，需要早上六点出门，特别是怀孕以后，每晚回到家，我的脚肿得像面包一样，尽管学习比较苦，但我依然坚持了下来。

在当时学习过程中，有两件事情至今让我记忆犹新，第一件事是我们大二、大三要写论文，我学的是政治教育，我选的题目是哲学的基本问题。

哲学的基本问题是什么呢？哲学的基本问题就是物质和意识的关系问题，关于这个世界是先有物质，还是先有意识的问题。这个问题历来都是哲学家思考的一个问题，有的观点认为这个世界是先有物质后有意识，中国的古代哲学思想就认为这个世界是由元气产生的，这个元气其实就是物质的东西。而西方的哲学家认为世界是先有意识后有物质，世界是上帝创造的。《圣经》里面说：上帝用了七天的时间创造了这个世界，有了亚当和夏娃，夏娃是从亚当的身上取了一根骨头创造出来的。所以关于物质和意识的问题，实际上就是哲学的基本问题，这一基本问题除了谁是第一性的问题，还有我们能不能认识这个世界。前段时间出现了一张关于黑洞的图片，黑洞是爱因斯坦提出来的，但是一直都没有得到证明，科学家用图片捕捉到了这个黑洞，也就证实了黑洞的存在。《世界哲学基本问题的第二个方面，我们人能不能认识到未知的世界》，就这么一篇论文，我当时因为怀着孩子先兆流产只能躺在家里，用几个月的时间写了一万多字，修改了三遍。那时候没有电脑，是用笔一个字一个字写下来，从哲学基本问题的历史发展提出，以及各种观点对这个问题的阐述，综合写成一篇文章。我的导师当时已经快 60 岁了，他一遍、两遍、三遍地修改，他修改一遍，我就要誊一遍，修改两遍，我就誊两遍，就在这样的情况下，我的论文圆满完成了。现在想来那篇论文很幼稚，但当时我们就只有那点资料，也只有那么点能力来做这件事，不像你们现在上网一搜就来了。

第二件令我印象深刻的事是，我们当时学了一门课程，叫西方经济学。这门课程令我真有点云里雾里的感觉，我这个人数学特别差，里面所有的公式，我听不懂。怎么办呢？一遍一遍自学。我本科学习最难的还有一门中国近代思想史，这门课我当时觉得很轻松，考试时有一道题目，我清清楚楚记得应该有四个答案，答到第三个后，我怎么都想不起第四个是什么。在那个地方磨呀磨呀，但在我的脑海里从来没有偷看别人的邪念，从来没有，我特别瞧不起作弊的人，我认为学习是自己的事情，不是别人的。我想知道第四个答案是什么？就悄悄地请监考老师提示一下。监考老师就是我们的科任老师，他大声回复我："可以啦，你这个样子考到这个水平已经不得了了。"监考老师说这句话的时候，我好想跟他说："你小声一点好吗？"那位老师当时真的发自内心对我这个学生很欣赏。在师大学习的三年，连续两届获得优秀学生的称号。

读书的整个过程有很多很多的收获，表面上来看，在专科时的死记硬背，背完了后好像都忘了，但实际上那是一种学习的态度，而且知识也在这个过程中不断地积累。我当初为什么会有那样的成绩？就是两个字：刻苦。不要把学习当成别人的事情，那是自己的事情，是自己分内的事情。

这是我的学习经历，分享给大家，就是想告诉大家，我们不要因为自己是大专生，不要因为没有考上本科，就觉得低人一等，其实不存在。这个问题不在于我考上了一个专科学校，还是一个211学校，而在于我们进来以后以什么样的态度来对待学习，以什么样的精神来对待学习，我认为只有想清楚这个问题，才能够为以后的发展奠定基础，这是我想讲的第一个问题。你们在学习的阶段，要很好地把握，不要浪费读书的时间。虽然我们生活在两个时代，不能把你们现在和我们过去相比，但我认为还是应该有借鉴的地方。

二、工作之路

我21岁当老师，负责高中、初中政治课教学，同时担任校团委书记。

从1985年至1996年底，十年的时间中，我从青涩的年轻教师，成长为成熟的、熟悉中学政治课所有的教学内容的中学一级政治课教师，从初入学校团工作的门外汉，成长为独当一面的中层干部。最初需要背教案，后来可以自如地与学生互动。在此过程中，我曾偷师学艺，观察老教师如何管理班级，如何与学生谈心谈话，如何抓班级常规工作。如怎么在最短的时间内高质量地完成班级教室内和清洁区域卫生（将卫生区域划分为不同的板块，每一个板块由不同学生负责，实际上这种方法就是现在的网格化管理模式）。

在工作过程中，我有两件事情至今记忆犹新，第一件事情，是一次贵阳市教育局团委组织各校优秀学生干部和团委老师参加拉练野炊活动，我们需要从油榨街翻越图云关的那座高山，徒步走到龙洞堡三岔河，现在看来那条路已经很方便了。但1986年，那里没有公路，更不要说高速路。我是在郊区长大的，走山路，是我的强项，但这次来回顶着烈日翻山越岭的拉练和野炊活动，真正让我体会到什么叫举步维艰。晚上回到学校躺在床上，我感觉第二天肯定起不了床，但没想到，第二天我不仅按时起床了，而且前一天所有的疲惫一扫而光。当筋疲力尽的感觉消失得无影无踪时，我突然感到"年轻真好"。

第二件事情是，按照市教育局团委的安排，各个学校要组织以"贵阳—贵州—祖国的今天、明天和未来"为主题的实践活动。作为校团委书记，这是我暑期工作必不可少的内容。我组织几个教师，到贵阳白云区牛场乡开展为期三天的与农村孩子同吃同住同劳动的夏令营活动；带领几十个初、高中学生从贵阳出发，坐火车到重庆，坐轮船经过三峡到宜昌，到宜昌之后到葛洲坝水利工程，再坐船到上海。

一路上有同学不停地发高烧，到了上海后，我们束手无策，只能通知家长把她接走。有一个男同学到上海就走丢了，人不在怎么办呢，队友中有两个上海知青非常有经验，叫我不要着急，并交代，哪里走丢的回到哪里去。我们坐公交车回到原地，那个男孩儿果然就在原地，我心里的石头终于落下了。

到了北海，遇见台风，许多同学后背被严重晒伤，起大水泡。一个学生在海里游泳时穿着白色衬衣，我和老师以及同学们都劝他把衣服脱掉，但他一直不从，最后他却是我们夏令营团队中唯一一个没有被晒伤的人。从此我知道在太阳底下特别是在海边，一定要穿长袖衣服。

在农村开展夏令营时，我最为担心的是学生安全，不仅要反复进行安全教育，还要 ·家一户看学生，崎岖泥泞的山路，狭窄的田间小路，还有农户家的看家狗对学生和我都是严峻的考验。有一次我们队员们住在养老院里，半夜里，学生惊叫，说外面有人，至此，我两个晚上没有睡觉，活动结束后，在家整整睡了一天一夜才醒。就是在生活的磨砺和工作的实践中，我与学生、老师相互学习，共同成长。

1996 年 11 月，我到贵阳幼师担任副校长，时年 32 岁，是当时贵阳市较年轻的校级干部之一，幼师的工作对于我来讲是全新的，没有招生工作的经验，学生群体发生变化，教师班主任队伍也有所不同，在这里，我的教育理念都发生了变化；在这里，我感觉每一个学生都是有希望的，每一个困难学生的背后都有一个属于他自己的故事；在这里，我学会了立体地全方位地看待学生、评价学生；在这里，我学会欣赏学生；在这里，我学会包容学生，甚至有点溺爱学生；但也是在这里，我意识到培养幼儿教师，应该两代师表一起抓，学生的行为规范、劳动观念、仪容仪表、仁爱之心尤为重要。我们不缺乏多才多艺的学生，我们更需要有幼儿教师职业精神、职业道德、职业荣誉感和职业幸福感的未来幼教人。

1996—2013 年，我一直分管学生工作。学生的吃喝拉撒、安全、艺术体育、大型活动等工作都是我负责，在此过程中，我与同学们分享过辛勤付出后收获的累累硕果；与班主任老师们分享过班级、学校种种成绩获得时的幸福与快乐；与家长们分享过孩子进步成长的那一份欣喜与安慰；省市教育部门或政府因学生表现出色，对他们进行表彰，作为教师，我感受到了那种荣誉感。但这十七年中，我也承受着学生发生意外伤害的焦虑；困难学生的心理问题、学习困难或家庭困难问题给我的担忧；学校突发事件处理过程中，各种不确定因素带给我的困惑与压力；还有学生与学生之间、老师与学生之间的矛盾冲突；年轻教师、班主任的成长烦恼；等等。但是我想说的是，如果不是学生或老师有这样或那样的问题，我不可能积累丰富的教育教学和学校管理经验，不可能培养自己应对突发事件的能力，不可能练就对学生、老师心理和身体细微变化的准确判断能力，也不可能从一名政治课教学的老师转变为思想政治课、礼仪课、安全教育课、意识形态领域课程的多面手。我的授课形式从单纯的就教材内容进行授课，发展到密切联系国际、国内、社会和学生实际进行教学，从课堂教学一种形式到活动课、讨论课发展到实践课的多种形式。

所以，三十多年的教师职业，与其说是我给予了学生多少，不如说是学生、同事给予了我多少。正是因为学生中复杂多样的情况促使我思考、积极探索解决问题的方法，是老师个人成长、心理和各种需求促使我多角度、多视角地分析、观察教师，帮助他们一起克服困难，走向成功。我时常对年轻教师说，要感谢学生，是他们促进我们成长，使我们成为有智慧的教师。这是肺腑之言，是切身感受，这种感受促进我有所感悟，思想得到升华。

刚到幼师时，中专师范生行为准则里有一句话：中等师范学生不得谈恋爱。这不是我们学校的规定，是国家的规定，我跟班主任和校长讲学校可能要对学生进行青春期性教育。校长已步入晚年，传统观念比较重，认为这个内容不太好讲，觉得我的思想有点超前，但他意味深长地对我说："小赵，你管学生工作，可别让我当外公哦！"他退休前的那几年，我过得战战兢兢，就怕哪个同学让这位校长当了外公。所以我对学生管得很严，不准回家，全封闭式管理。一次学生想请假，我没批。她就在黑板上写下"女子监狱"四个大字，我火冒三丈，把那个学生叫到我办公室，狠狠批了一顿。后来我在反思一个问题，我们应该把不准转为教学生如何保护好自己。在我的要求下，我们的校医每个学期都对新入校的学生进行十周的青春期教育，包括性教育。不仅要对这个年龄的同学进行专业文化教育，还应该对他们进行性方面的教育，孩子必须懂得如何防止性侵害，有一个童谣："小熊小熊好宝宝，背心裤衩都穿好，里面不许别人摸，男孩儿女孩儿都知道。"为什么要做这样的教育？我们就是要先入为主，让学生知道，对他们性方面的教育不是污浊的，淫秽的，这是一种知识，他们要懂得怎样去保护自己。

作为一名教育工作者，我们了解学生，不仅要了解学生本身，还要了解他们的家庭。学生的性格往往与原生家庭有着很大的关系，我们要有包容的态度，不要动不动就不耐烦，当老师的一定要站在学生的角度去看问题，当然不是所有，我们要有底线。我过去不单管学生，还要管老师，管学生的着装，也要管老师的着装，还要管老师的发型。有位老师搞了一个爆炸头式，很夸张，她看到我扭头就跑。我只要一出差，学生高兴得不得了。等老赵一回来，往门口一站，教室马上就安静了。

为什么呢？

因为什么东西我都要管，我认为对一名未来幼儿教师来说，他不单要学习专业知识，还要学习行为规范，要两代师表一起抓，还要养成劳动卫生习惯，这是必须要做的。我现在看到有同学穿着一双拖鞋满校园跑，这不像话。

我到台湾地区的大学，入校第一条就是不在校园里面穿拖鞋。台湾很热，包括广东这些地方，他们都习惯穿拖鞋，但只要一进到校园，就要规范你的穿着，约束你的行为，不乱穿。

上周，我走到学生事务中心楼上，看见有两个女孩儿坐在一张凳子上，穿着特别短的裤子，配一件特别长的衣服，从后面看就像没穿裤子，其中一个同学还把脚跷到了椅子上，当时我没控制住自己，冲她们发了火："请注意你们的坐姿，女孩子要矜持点，从正面看你的着装，都能看见你的裤衩。"

大家不要觉得，说着装是个人习惯。我们要知道，自己将来从事的是什么职业，我们要用什么样的职业道德去约束自己。如果这个社会没有约束的话，就会乱套。

礼仪是怎么来的？其实就是人们用一些规矩来约束自己的行为，这种约束是对自己和他人的尊重。咱们学校的法治副校长是检察院公诉处的副处长，每一个案子都要经过他的手，他手中掌握了大量的案例。他说女孩子夏天一定不要穿得太暴露，穿得暴露这就等于暗示犯罪分子来骚扰你，女孩子一定要自重，往往男生骚扰的人都是穿得比较少的人。

从 1996 年到现在，与其说这几十年的教育教学实践我给予了学生什么，倒不如说学生给予了我智慧，同事给予了我很多帮助。

很多老师面对学生中出现的复杂问题的时候，会抱怨，会无奈，甚至会觉得崩溃，但我认为，如果没有学生中这种复杂问题的出现，那我们老师就不可能在这个过程中成长起来，所以我要感谢学生。乐观的人会获得正能量，而消极的人会吸取更多的负能量，我希望各位同学以后不管是在生活中还是工作中，都要学会怎样应对问题，抱着怎样的态度去生活。

多年的工作，让我已有了 30 多年的教龄。

我遇到过苦闷的事情没有呢？遇到过烦闷的东西没有呢？

遇到过，我最怕晚上 11 点以后，早上 7 点以前接到电话。这个时间段一旦我电话铃声响起，心就揪起来。一次几个学生为了出去吃东西逃避晚自习，谎报她们被几个男生挟持到山坡上。那是我第一次遇到这种事情，非常紧张，这五六个女孩子出这种问题，那是天大的事情，这不是我们学校承受得住的，得及时上报教育局，上报省教育厅，还有教育部。结果老校长很淡定地对我说："好了，姑娘们，去睡觉吧！"我有些迷茫："肖校长，这件事情就这样了吗？要不要报教育局？"他说："不着急，明天再说。"老校长心里已经有几分底，没多久消息传来，全部是假的。从那以后遇到类似的事情，我就会问："你在哪个地方碰见的这个事情？你现在带我去。"几句话就能把他们诈出来。我们也有很多安全问题，遇到过很多这样的难题，就是在这样的磨炼中，自己一步一步成长起来，所以我要感谢学生。要不了多久，在座的同学都要走向社会，也要成为一名教师，或者成为各个行业的职业人，在这个过程中，掌握牢固的知识非常重要，但其他能力也很重要，我希望大家用积极的态度对待生活、对待工作。工作后也不要仅仅把工作作为谋生的手段，要把工作当成事业来做。你热爱生活，生活就热爱你；你热爱工作，工作也就热爱你。

三、生活之路

我有几点想告诉大家。

第一，对待爱情要严肃，不要随性。不能把物质作为唯一追求，不要一谈恋爱就说你买单，一结婚就说给彩礼。对待家庭、孩子，应该负起责任来。

这是我多年的经验。不付出就不会有收获，幸福是奋斗出来的。

一位国家领导人曾经到宁夏最贫穷的固原，那是我们国家最贫穷的一个县，遇到一个放羊娃，就问："你放羊来干什么呢？"孩子回答："我放羊是为了挣钱。""挣钱是为了什么呢？""挣钱为了娶媳妇。""娶媳妇为了什么呢？""娶媳妇为了生娃。""生娃为了什么呢？""生娃为了放羊。"这位领导感觉到这个地方太落后了，人的观念也特别落后，应该用教育来改变。回过头来看，我们家长对孩子的要求，除了学习，其他什么都可以不做。读好的小学，读好的中学，读好的大学，然后找好的工作，与放羊娃的理想没有区别。

第二，每个人都要有目标，要有理想追求。

青年人要多关心国家大事，把自己的命运与国家的命运相结合。习近平总书记从 2013 年开始，每年都对青少年提出希望。在历史上也有很多的伟人，年轻时就很有抱负。

马克思 17 岁时，在《青年在选择职业时的考虑》毕业论文中，是这样用他潇洒而又浓重的笔墨结尾的："如果我们选择了最能为人类服务的职业，我们就不会为任何沉重负担所压倒，因为这是为全人类作出的牺牲；那时我们得到的将不是可怜的、有限的和自私自利的欢乐。我们的幸福将属于亿万人，我们的事业虽然并不显赫一时，但将永远发挥作用，当我们离开人世之后，高尚的人们将在我们的骨灰上洒下热泪。"

周恩来十二三岁时立下"为中华之崛起而读书"的宏愿。

李大钊说："用青春之火来创造青春之中国，青春之民族。"

习近平的青春之路是什么样的呢？他 15 岁知青下乡，到陕北插队。22 岁走出窑洞，到清华求学。26 岁大学毕业，在北京工作。32 岁离开河北正定，到厦门履新。从这个过程中可以看出，他在不断地学习，不曾停歇过。在 2019 年 4 月 30 日纪念五四运动 100 周年的大会上，习近平总书记对我们青年提出了六个方面的希望。

第一，新时代中国青年要树立远大理想。把自己的小我融入祖国的大我、人民的大我之中，与时代同步伐、与人民共命运，才能更好地实现人生价值、升华人生境界。

第二，新时代中国青年要热爱伟大祖国。对每一个中国人来说，爱国是本分，也是职责，是心之所系、情之所归。对新时代中国青年来说，热爱祖国是立身之本、成才之基。当代中国，爱国主义的本质就是坚持爱国和爱党、爱社会主义高度统一。新时代中国青年要听党话、跟党走，胸怀忧国忧民之心、爱国爱民之情，不断奉献祖国、奉献人民，以一生的真情投入、一辈子的顽强奋斗来体现爱国主义情怀，让爱国主义的伟大旗帜始终在心中高高飘扬！

第三，新时代中国青年要担当时代责任。时代呼唤担当，民族振兴是青年的责任。青年要保持初生牛犊不怕虎、越是艰险越向前的刚健勇毅，勇立时代潮头，争做时代先锋。新时代中国青年要珍惜这个时代、担负时代使命，在担当中历练，在尽责中成长，让青春在新时代改革开放的广阔天地中绽放，让人生在实现中国梦的奋进追逐中展现出勇敢奔跑的英姿，努力成为德智体美劳全面发展的社会主义建设者和接班人。

第四，新时代中国青年要勇于砥砺奋斗。奋斗是青春最亮丽的底色。奋斗不只是响亮的口号，更是要在做好每一件小事、完成每一项任务、履行每一项职责中见精神。

第五，新时代中国青年要练就过硬本领。青年是苦练本领、增长才干的黄金时期。"青春虚度无所成，白首衔悲亦何及。"当今时代，知识更新不断加快，社会分工日益细化，新技术新模式新业态层出不穷。这既为青年施展才华、竞展风采提供了广阔舞台，也对青年能力素质提出了更高要求。不论是成就自己的人生理想，还是担当时代的神圣使命，青年都要珍惜韶华、不负青春，努力学习掌握科学知识，提高内在素质，锤炼过硬本领，使自己的思维视野、思想观念、认识水平跟上越来越快的时代发展。

新时代中国青年要增强学习紧迫感，如饥似渴、孜孜不倦地学习，努力学习马克思主义立场观点方法，努力掌握科学文化知识和专业技能，努力提高人文素养，在学习中增长知识、锤炼品格，在工作中增长才干、练就本领，以真才实学服务人民，以创新创造贡献国家！

第六，新时代中国青年要锤炼品德修为。人无德不立，品德是为人之本。止于至善，是中华民族始终不变的人格追求。精神上强，才是更持久、更深沉、更有力量的。青年要把正确的道德认知、自觉的道德养成、积极的道德实践紧密结合起来，不断修身立德，打牢道德根基，在人生道路上走得更正、走得更远。面对复杂的世界大变局，要明辨是非、恪守正道，不人云亦云、盲目跟风。面对外部诱惑，要保持定力、严守规矩，用勤劳的双手和诚实的劳动创造美好生活，拒绝投机取巧、远离自作聪明。面对美好岁月，要有饮水思源、懂得回报的感恩之心，感恩党和国家，感恩社会和人民。要在奋斗中摸爬滚打，体察世间冷暖、民众忧乐、现实矛盾，从中找到人生真谛、生命价值、事业方向。

这就是我结合我个人的成长经历和当前国家对青年的要求，习近平总书记对新时代青年的希望，谈一谈自己的看法，仅供大家参考。

奋斗是青春那一抹最亮的色彩。

苏联作家奥斯特洛夫斯基，《钢铁是怎样炼成的》的作者曾说过这样一句话："当我回首往事的时候，不会因碌碌无为而羞愧，也不因虚度年华而悔恨。"

我不能说我是一个成功人士，但我认为我在青春的这一段时间里，我是努力了的，也是奋斗了的，我生活的整个过程是充实而幸福的。

谢谢大家！

录音稿整理：2018 级早期教育班　王　亚

2018 级早期教育班　汤轶男

作者简介　　　**赵雅卫**，贵阳幼儿师范高等专科学校教授、党委委员、副校长、校工会主席。主要研究礼仪教育、幼儿园安全教育和管理、学生思想道德教育及管理。获得"职业核心能力测评师"资格证、"心理健康辅导员"资格证、"英特尔未来教育核心课程"学习结业证、"礼仪培训师"资格证。先后被各级部门授予"创建国家卫生先进城市先进工作者""德育科研先进工作者""贵阳市2004—2008 年度中青年科技骨干"、贵阳市教育局系统"优秀党务工作者"；贵州省优秀教师、贵阳市优秀党务工作者、心理课题研究"先进个人"、"国家一类城市贵阳市语言文字工作评估"先进个人等荣誉。

学生课后感文章选录——

不负青春，放飞奋斗的心

2018 级早期教育班　王　亚

有幸能够在我迷茫之时聆听到我校副校长、教授赵雅卫的"奋斗的青春"真人图书讲座。如同赵副校长所说的一样，很多人总是抱怨，抱怨自己的生活，抱怨自己的处境，抱怨自己的工作，总说自己是多么的不幸，总在抱怨中停下了前进的脚步，殊不知真正不幸的人正奋力前行，以自己的努力来赢取上帝给予的那为数不多的幸运名额。

这次真人图书给我印象最深的就是习近平总书记给当代青年的寄语："现在的青春是用来奋斗的，未来的青春是用来回忆的。"我们生在了最好的时代，应该以最好的姿态去奋斗。作为一名当代大学生，我们不用经历"八月秋高风怒号，卷我屋上三重茅"的艰苦生活环境，也不用经历"足肤皲裂而不知"的自然环境。前人在艰苦环境中头悬梁，锥刺股，凿壁偷光仍然坚持学习，而我们在这冬风不吹，夏风送凉的环境中却只想着玩耍，想着逃课。享受嗟来之食还不满足，还抱怨生活的不公，相比那些真正困难的人，我们这些都算不上苦难。

我们以为没能如愿考上自己心仪的学校就人生无望了，就想在大学里浑浑噩噩，随波逐流。可曾想，天将降大任于斯人也，必先苦其心志，劳其筋骨，饿其体肤。每个人都想成功，但却不敢迈出走向成功的第一步——坚持。高考上来的我，少了当时为了高考而放手一搏的斗志。作为一名高考补习过仍没有成功的人，我认为我的耐力比别人多了三分。也正是这样的磨炼，让我时时反思：我真的不行吗？我真的只能屈服于命运吗？作为一名大学生，不正是自己成长的大好机会吗？哪吒天生魔丸，但他能逆天改命。我命由我不由天，这句话听起来虽略显浮夸，但是现实不就是这样吗？或许努力改变不了我到贵阳幼专的结局，但坚持学习，坚持以不同的方式磨炼自己，好运有一天也会眷顾我。不是吗？

从第一年高三的稚嫩，到高考会反思自己的无所作为却自以为是的高中三年，流下了悔恨的眼泪。时光不能倒流，提着沉重的行李箱踏进了一个陌生的环境，一介民女踏入了一所贵族学校。当看到学校里面密密麻麻的"龙凤榜"不禁感叹道："比你优秀的人仍然努力着，有何资格再放纵自己、伤害家人。"就这样开始了我那短暂而辛苦的生活。记得那年数学考试突然难度提升，数学不好的我犯难了，考场上的我是不自信的，配合着同一考场同学的手势，我忐忑地涂完了数学答题卡，时间刚刚好，交卷。考场老师叫停笔的那一刻，我知道，我与本科无缘了，不自信的我在慌乱中涂错了答题卡，数学试卷选择题最后以 0 分结尾。或许这就是对不自信、不敢放手一搏的我的惩罚吧。我以 10 分的差距落榜本科，或许注定了我要到此磨炼。

想想高中前的自己，总是因为自己的短板而不自信，到了大学之后解开心结，开始尝试着让自己在其他的舞台发热发光。喜欢主持，普通话课堂上我没有浪费一分钟，如饥似渴地学习相关知识，终于我如愿以偿地进入了学校中我想到的地方，如愿地争取到了许多主持人的机会，还在三下乡文艺表演中完美地完成主持兼舞蹈表演的任务，最终拿到了三下乡的"优秀个人"奖项。自己站在台上才发现，你就是最闪亮的自己，你要自信，你要努力，你所想要的一切都不会凭空而来。

青春就那么短暂，我们十七八岁的时候觉得自己还这么小，还可以在父母身边撒撒娇，但是别忘了自己所肩负的使命与责任，至少别等到年老之时才发现自己的一生都没能够放手一搏。听完这次真人图书分享后，我真的感触颇深，原来努力的人，奋斗的心才最可爱。所以我要说：只有不负青春，才能放飞奋斗的心。

学无止境，路在脚下

2018 级早期教育班　汤轶男

这次将讲座"奋斗的青春"录音转文字的工作，让我从中学习到了很多东西。虽然在这个过程中有一些疲劳，但又感到很有趣，很励志，让我得到了满满的正能量。我觉得赵雅卫老师真的很了不起，她讲述了自己的经历和一些求学历程，她从未停止过学习的脚步。

我印象深刻的是，她考入大专院校之后，并没有放弃自己深造的机会，很努力地学习。在她求学途中怀孕了，但是她仍然没有放弃，克服了很多的困难。这种精神，这种学习的态度真的值得我们去学习，去深思。

看看现在的我们，一天天只知道昏昏沉沉地度过大学生活，没有学习的动力，还不断抱怨学校的条件。赵雅卫老师当年读书的条件很艰苦，而且家庭条件也不好，但在那种艰苦的条件下，她都能坚持下来，我深感佩服。现在，我们有着优越的条件，却不好好珍惜，反而还在抱怨。

"坚持就是胜利"，我觉得说得很正确。一个人没有了坚持，即使有再好的条件，再好的天赋，最后也不会成功的。赵老师的经历就是最好的证明。

只有坚持、不断地进步，你才可能不在原地踏步。当年赵老师的理想就只想当一位班主任，结果当了团委书记。只要你努力了，抓住了机会，你就会得到意想不到的结果。我突然又想到一句话：机会是留给有准备的人的。只有你做好了准备，你就不会害怕接受挑战。我觉得赵老师有今天这种成就，能到校长的位置，真的不是靠什么关系，而是她努力学习、追求上进、坚持不懈的结果。

所谓学无止境，学习是永远没有尽头的，赵老师永远没有停止过学习的脚步，她用自己的亲身经历，让我们明白了这样的道理。

一个人的成就不是平白无故出现的，而是通过自己不断努力、不断学习得来的，学习也不只是在书本中，身边的人或事同样会让你学到很多的东西。在美好的大学生活中，在学生会、在社团、在图书馆等，我们也可以学到很多知识，人际关系、处事方法等。

总之，学无止境，路在脚下。

只有永不停下学习的脚步，不管你是以什么样的方式，总会有所收获，总会成功。

后　记

　　本书的编写出版过程虽然谈不上崎岖坎坷，却也十分不易，准备工作长达整整一年的时间。首先将讲座视频整理成文字稿就已经费了不少力气。因为作为全景录像，音效自然不如用录音笔放在前台的好。我们整理好演讲录音稿后，又将书稿交由演讲老师们审核，以保障内容的准确性。其次，每次讲座结束之后都会有学生交给我们一些心得体会。稿件的收集整理和完善就花费了大半年时间，之后交出版社来回审改。如此几番周折，《红枫湖·百家讲坛》（第三辑）才终于得以和广大读者见面，也使《红枫湖·百家讲坛》所展现的探索求知、传承文化的精神影响更多的人。希望每一位翻开本书的读者，都能被吸引到我校的讲堂现场，来感受精彩纷呈的演讲和不断求知探索的氛围。

　　本书得以出版需要感谢多方的支持和帮助。非常感谢学校领导，他们一直以来深切关心每期讲座的开展，赞同将讲座内容出版成书，在出书的事宜上给予了宝贵的意见和建议。也很感激贵州省写作学会对我校的支持，大部分来讲的专家学者来自贵州省写作学会，他们不仅带来了精彩的演讲，还要负责审校稿件。同时本书的主编之一、资深媒体人、贵州省写作学会副会长兼秘书长袁锦锋老师更是功不可没，他不但协助学校跟各位专家学者沟通联系，而且在后期审核了全部书稿，同时对本书的出版做了有力指导。贵州省写作学会副会长涂万作老师也参加了书稿的审核工作。最后还要感谢学校读书会同学的默默付出和辛勤贡献，不论是开展讲座的准备工作，还是整理录音稿、收集心得体会，都离不开这群勤劳可爱的学生的帮助。

编委会

2021 年 12 月

后

记

▽